イラスト版 どこでもマインドフルネス

橋本大佑 [編]
株式会社Melon CEO

金田絵美＋林有加里 [著]

子どものための集中&リラックスワーク39

合同出版

この本を読むみなさんへ

　みなさん、こんにちは。この本をひらいてくれてありがとう！

　最近ちょっとつかれているな、イライラしちゃうことが多いな、自分のことをあんまり好きになれないなと感じることはありませんか？　そんなときにはきっとこの本が役に立つはずです。この本には「いつでも自分と仲良くなる方法」がたくさん書いてあります。

　友だちと仲良くするためには、相手のことをよく見て、今はどんな様子かな？　と知ることが大切ですよね。悲しそうなら、「大丈夫？」と声をかけたり、困っていそうなら、「何か手伝おうか？」と話しかけたりするかもしれませんね。

　自分と仲良くなりたいときも、友だちにするのと同じことをしてあげれば大丈夫。「自分は今どんな気持ちなんだろう？」「からだの様子はどうだろう？」と自分自身に意識をむけてみましょう。

　次に自分の外がわにも興味を広げていきます。「今、まわりでどんな音がしているだろう？」「どんなにおいがするだろう？」「どんなものが見えるだろう？」こんなふうに自分やまわりのことを感じる方法を「マインドフルネス」といいます。マインドフルネスには、目には見えないけれどとても大切な自分の「こころ」を落ち着かせてくれたり、元気にしてくれたりする効果があります。

　この本では、家や学校などいろいろな場所でできるマインドフルネスの方法をたくさん紹介しています。ごはんを食べるとき、歩いているとき、寝ころんでいるときにできるおもしろいマインドフルネスもありますよ。学校の先生や友だち、お家の人ともいっしょに、楽しみながらためしてみてくださいね。

　マインドフルネスを毎日続けていくと、少しずつ自分と仲良くなれるはずです。そして自分と仲良くなれると、前より少しだけ毎日が楽しくなるかもしれません。みんなを元気にしてくれる魔法だと思って、自分の好きな方法をこの本の中から探してみてください！

●どこでもかんたんにできるマインドフルネスとは ‥‥‥‥

　『イラスト版どこでもマインドフルネス』を手にとっていただき、ありがとうございます。この本では、朝起きてから寝るまでの10分程度で、どこでもかんたんにできる子ども向けマインドフルネスをご紹介しています。

　マインドフルネスとは、近年、世界中で広がっている科学的な脳と心の休息法・トレーニング法です。もともとは痛みや心理的な苦痛を取り除く方法として医療分野で広がりましたが、今では世界各国の教育現場や企業に取り入れられつつあります。たとえば、2023年からは米国ニューヨーク市の幼稚園から高校まですべての公立校で、毎日マインドフルネスを実践する時間が設けられました。

　日本でも最近では、子どもたちの対人能力や共感力、自己理解力や感情制御力を育てるための学習が注目を浴びています。また、さまざまな要因により、子どもたちの感じるストレスは増えつづけていると言われており、セルフケアも含めたストレスへの対処法を身につけていくことは、教育現場でも喫緊の課題となりつつあります。

　このような背景から、日本でも、教育や子育ての中でマインドフルネスを取り入れたいと興味を持たれる方が増えてきました。この本はそのような方に活用していただきたい実践書です。

　この本には、自宅や学校などで実践できる 39 種類のマインドフルネス・ワークを掲載しています。自宅のベッドの上で寝転びながら、または食事中に手軽にできるワークや、授業の前に子どもの気持ちを落ち着かせるワーク、授業中、集中力が切れたときに取り組むとよいワークなど、ユニークで楽しいワークを厳選しました。

　それぞれのワークは基本的なマインドフルネスの手法を用いており、「今」だけを意識することで、集中力を高め、観察力を養い、思いやりの気持ちを育むことが組み込まれています。一見、ただ遊んでいるように感じるかもしれませんが、ワークの意味を詳細に伝えることより、楽しんで実践してもらえることを優先しています。

　まずは子どもたちと一緒にパラパラと本をめくり、子どもが興味を持ったワークからでもよいですし、子どもの生活や様子に応じて実践していただければと思います。

　楽しみながら続けていくうちに、自分自身に興味を持つ気持ち、自分を大切にしようと思う気持ち、他者への感謝や共感力なども身についてきます。ぜひ子どもたちと気軽に楽しみながら続けることを意識して、日常に取り入れてください。

もくじ

PART1　朝、起きて学校に行くときのワーク

PART2　授業の前や授業中のワーク

マインドフルネス・ワーク実践ポイント

取り組みやすい環境をつくりましょう

　マインドフルネス・ワークは、日々の生活の中で、いつでもどこでも行うことができます。場面や状況に合わせて、自分のやりやすい時間や場所で行ってみてください。

　ただし、慣れるまでは集中するのが難しかったり、ワークによっては目をつぶったりするものもあるので、できるだけ安全で静かな場所で行うことをおすすめします。

　いすを使う場合は、キャスターなどがついていない安定したいすを使ってください。からだを動かすときに邪魔になることがあるので、ひじかけもないほうがおすすめです。腰かけたときに足が宙に浮かないように、両足のうらがしっかりと地面につく高さのいすを使ってください。

終わりの合図に鐘をならすと効果的

　終わりの合図として鐘を鳴らすと効果的です。鐘の音色を聞くことで、「今ここ」に集中している状態から、ゆっくりと現実へ戻ってくることができます。

　ヨガやマインドフルネスでは「ティンシャ」という鐘を使います。「ティンシャ　音　無料」などで検索すると音源が入手できますし、トライアングルでも代用できます。

　先生の声かけでもかまいません。「そろそろ時間です」「そろそろ終わりです」など、合図を出してあげましょう。静かな時間を過ごしている子どももいるので、いきなり大きな声で合図を出さないでください。できるだけ静かに言うところから、少しずつ声かけを大きくしていきます。

手書きで楽しみましょう

　17「気持ちの見える化」19「気持ちの名前」などの書くワークでは、パソコンやタブレットは使わず、紙にペンで書くことをおすすめします。ぜひ、紙とペンをご準備ください。

いつも通りの呼吸を心がけましょう

　マインドフルネスは呼吸法ではありません。今の自分のありのままの呼吸をそのまま感じることが基本となりますので、深く呼吸しよう、良い呼吸をしようと意識せずに自然にわき起こってくる呼吸をそのままに味わってみてください。

　呼吸のワークについては、ワークのやりかたを参考に行ってください。

効果を高める７つの注意点

①**リラックスした雰囲気作り**　「マインドフルネスの考え方を身につけさせなければ」「マインドフルネスの練習だ」と思わずに「このひととき、みんなで静かに過ごしてみましょう」という柔らかい雰囲気を意識すると子どもがリラックスして取り組みやすくなります。

②**無理をさせない**　子どもたちにとって、初めて体験するワークがほとんどです。最初はうまくいかない子どももたくさんいることでしょう。じっとすることを無理強いせず、短い時間から始めて少しずつ慣れていくことが大切です。

③**失敗したと思わせない**　マインドフルネスの実践にいい・悪い、成功・失敗はありません。どんな体験も大切な実践。途中で集中が途切れてもそれを「失敗」と感じさせないように、自然な流れでまた新しい体験ができるという雰囲気を作ってあげましょう。

④**正しさを求めない**　「静かにじっとしていること」がマインドフルネスだと思われるかもしれませんが、子どもにとっては難しいことです。体が動いていても心は今にあるかもしれません。動いていてもそれを咎めず、自由に自分自身を感じさせることで、子ども自身が自然に楽しめます。

⑤**遊び心を取り入れる**　ただ取り組ませるのではなく、ゲーム感覚を大切にやってみましょう。「どれだけ静かにできるかな？」など、問いかけに工夫を加えると楽しい時間になり集中しやすくなります。

⑥**ワークのあとに気づいたことを互いにシェアする**　友だち・親・先生の「こんなことを感じた」「こんな気持ちになった」という感想を聞くことで、さまざまことに気づきが生まれます。大人は子どもからどんな意見や感想が出たとしても、いい・悪いを判断せず、尊重し寄り添っていきましょう。

⑦**子ども自身のペースを大切に**　その日の気分や体調に合わせて柔軟に行いましょう。負担を感じるようであれば無理に続けません。お休みの日があっても大丈夫。ゆっくり少しずつ進め、継続していくことが大切です。

基本姿勢

**座る基本姿勢の
ポイント**

いすに座って取り組むときは、次のような
姿勢を意識しましょう。
ワークで「【座る】基本姿勢」になる場合は、
このイラストを参照しましょう。

目は軽くとじるか、
ななめ下あたりを
ぼんやりながめます

背もたれから背中をはなし、
背筋をのばします

両手をひざの上に軽くおきます。
手のひらは上向きでも下向きでも
かまいません

浅めに座ります

足うらはピタッと
床につけます

立つ基本姿勢の
ポイント

立って取り組むときは、次のような姿勢を意識しましょう。
ワークで「【立つ】基本姿勢」になる場合は、このイラストを参照しましょう。

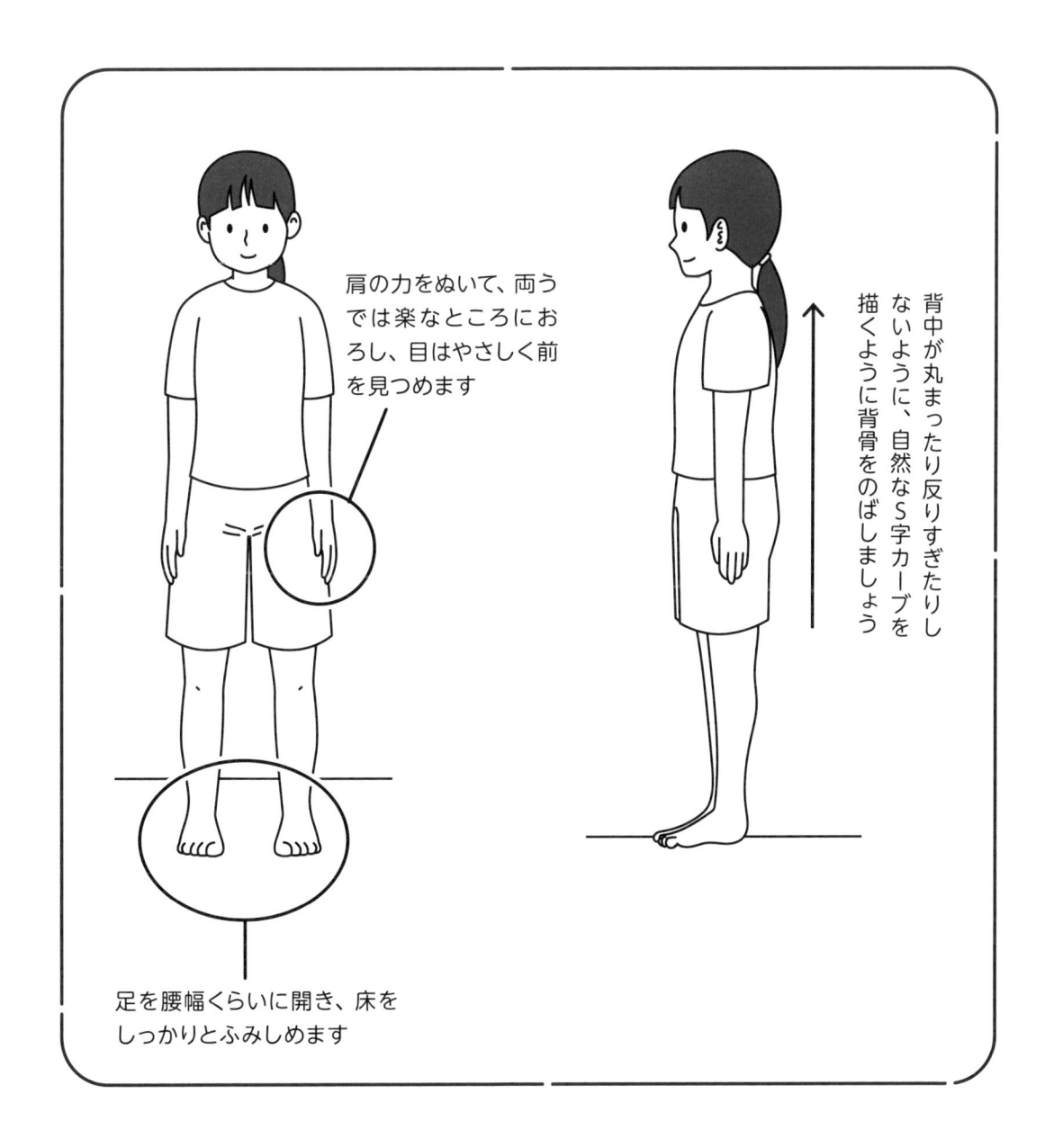

肩の力をぬいて、両うでは楽なところにおろし、目はやさしく前を見つめます

背中が丸まったり反りすぎたりしないように、自然なS字カーブを描くように背骨をのばしましょう

足を腰幅くらいに開き、床をしっかりとふみしめます

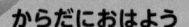

この本の使い方

左のページ 子どもが不安や緊張を感じる場面を取り上げ、マインドフルネスがそうした気持ちと付き合う助けになることを伝えています。イラストと同じような気持ちになるのはどんなときか尋ねるなど、ワークの導入としても活用できます。

右のページ マインドフルネス・ワークのやり方を説明しています。取り組む前に子どもに見せたり、コピーして教室に貼ったりして活用してください。子どもにやり方を説明する際も役立ちます。

1

からだにおはよう

こんなときにおすすめ▶ 朝起きてすぐ

> 友だちとけんかした…
> 今日の給食はたしか魚だ…

　みんなは朝、目が覚めたときどんなことを思うかな。昨日の気になるできごとや、今日の予定が思いうかんだりするかもしれないね。それも大切なことだけど、まずは今日もいっしょにがんばってくれる自分のからだに「おはよう」ってあいさつしてみよう。

　あいさつしながら、うでや足、おなかやおしり、手が届くところをさすってみよう。どんな気持ちになるかな。ホッとしたり、なんだか楽しい気持ちになったりするかもしれないね。からだをさすりながら、今日のからだの調子を感じてみよう！

14

やってみよう！

自分に「おはよう」って言ってみよう！

こんなメカニズム▶ 自分で自分のからだにふれることを「スージング（＝なだめる）タッチ」と言います。からだにやさしくふれることで、オキシトシンという幸せを感じるホルモンが分びつされます。自分のからだにあいさつをすると自分を大切にする気持ちも生まれます。

① 朝、目が覚めたら自分に「おはよう」と言おう。こころの中でもOK。

> おはよー

②
> おはよう！

③ 最後にギューッと自分をだきしめて「今日もがんばろうね！」と声をかけよう。

> 今日もがんばろうね！

　うで、足、腕、おなか、おしり、背中、顔、頭。どんな順番でもいいので、「おはよう」と言いながら、手のひらでゆっくりとなでてみよう。

ポイント

最初は恥ずかしがる子どももいるかもしれませんが、だんだんと慣れてきます。自分が毎日呼吸していることや、からだが動くことは当たり前ではない気がつくかもしれません。ワークを続けていくと自分を大切にする気持ちが育まれてきます。

15

こんなメカニズム ワークに取り組むことで心身にどのような影響があるかを、子どもにもわかる表現でまとめました。

ポイント ワークに取り組むにあたり大人が知っておきたいことをまとめました。子どもによく見られる様子と対応法、効果的な声かけなどを紹介しています。

朝、起きて学校に行くときのワーク

おはよう！ また今日がはじまったね。

元気な朝、気分が晴れない朝、起きづらい朝……。朝はいろんな気持ちになるね。

どんな朝でも大丈夫！「今朝はこんな気持ちだけどOK」って自分を認めてあげて、気持ちを整えるワークをやってみよう。

からだにおはよう

こんなときにおすすめ▶ 朝起きてすぐ

　みんなは朝、目が覚めたときどんなことを思うかな。昨日の気になるできごとや、今日の予定が思いうかんだりするかもしれないね。それも大切なことだけど、まずは今日もいっしょにがんばってくれる自分のからだに「おはよう」ってあいさつしてみよう。

　あいさつしながら、うでや足、おなかやおしり、手が届くところをさすってみよう。どんな気持ちになるかな。ホッとしたり、なんだか楽しい気持ちになったりするかもしれないね。からだをさすりながら、今日のからだの調子を感じてみよう！

自分に「おはよう」って言ってみよう！

こんなメカニズム▶

自分で自分のからだにふれることを「スージング（＝なだめる）タッチ」と言います。からだにやさしくふれることで、オキシトシンという幸せを感じるホルモンが分ぴつされます。自分のからだにあいさつをすると自分を大切にする気持ちも生まれます。

① おはよ〜

朝、目が覚めたら自分に「おはよう」と言おう。こころの中でも OK。

② おはよう！ スリスリ

スリ スリ

うで、足、胸、おなか、おしり、背中、顔、頭。どんな順番でもいいので、「おはよう」と言いながら、手のひらでゆっくりとなでてみよう。

③ ギュ〜！！ 今日もがんばろうてね！

最後にギューッと自分をだきしめて「今日もがんばろうね！」と声をかけよう。

ポイント

最初は恥ずかしがる子どももいるかもしれませんが、だんだんと慣れてきます。自分が毎日呼吸していることや、からだが動くことは当たり前ではないと気がつくかもしれません。ワークを続けていくと自分を大切にする気持ちが育まれてきます。

15

こころのお天気観察

朝起きてゆううつなとき

　朝、目が覚めたらカーテンを開けてみよう。開けるイメージをするだけでも大丈夫だよ。みんなが今いるところはどんなお天気かな。晴れの日もあれば、くもりの日もあるし、雨の日もあるよね。

　こころもお天気に似ているよ。毎日生活していると、どんより落ちこんだり、悲しくなったり、イライラしたり、いろいろな気持ちになるよね。そんなときの「こころのお天気」は、くもりだったり、雨だったり、かみなりがなっているかもしれないね。

　でも、雲の上にはいつも青空が広がっているよ。だから、今こころのお天気がどんな状態だったとしても、それをやさしくながめながら青空の自分になってみよう。そうしているうちに雨が小降りになって、晴れてくるかもしれないよ。

こころのお天気を感じてみよう！

こんなメカニズム▶ マインドフルネスではこころを天気にたとえることがあります。どんな天気でもその向こうには青空が広がっています。いろいろな気持ちがうかんでも、青空がまたやってくることを思い出すと、気分や感情にふり回されることが少なくなっていきます。

①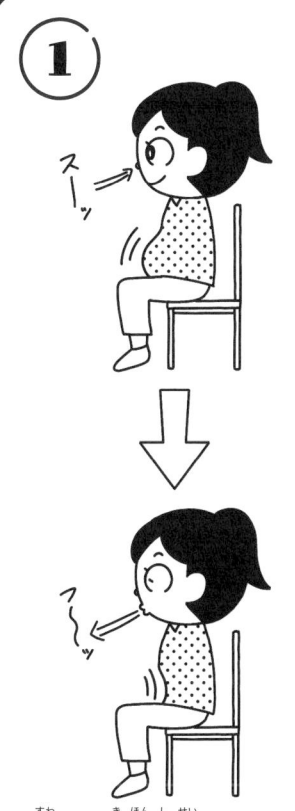

【座る】基本姿勢（10ページ参照）になり、吸う息と吐く息を感じよう。のんびりと呼吸しながらこころの中のお天気を観察。「今、どんなお天気かな？」と感じよう。

②

あめもよう

はれ　ばれ！

カミナリもよう

「どんなお天気でも大丈夫」と自分に話しかけながら、こころの空模様をしずかにながめよう。

③

どんなに曇っていても、雲の上にはいつも青空が広がっているよ。青空を思いうかべながら口角をあげて5回深呼吸をしよう。

ポイント

こころの状態をうまく言葉で説明できない子どもでも、お天気に例えると説明がしやすくなります。いつも晴れていることが重要なのではなく、いろいろなお天気があっていいこと、どんなお天気であっても、雲の上には青空が広がっていることを伝えてあげましょう。

PART 1

朝、起きて学校に行くときのワーク

ぐるぐるゴロゴロ体操

なかなか起きられないとき

　朝、目が覚めたとき「起きるのいやだな」「なんか元気が出ないな」と思うことあるよね。じつはね、どんな人にも朝起きるのがつらいときがあるんだ。だから、そう思う自分のことを、いやだな、ダメだなって思わなくて大丈夫。

　そんなときにはまず「自分は今そう思っているんだな」って気づいてあげてね。「そんなこともあるよね。大丈夫だよ」ってやさしく声をかけてあげよう。

　それから、ゆっくりからだを動かしてみよう。どこがのびてるかな？　どこがかたくなってるかな？　ぐるぐるからだを動かしたり、ゴロゴロ転がったりしながら、自分のからだと遊んでみよう。

手足をぐるぐるからだをゴロゴロ動かしてみよう！

こんなメカニズム▶ ネガティブな気持ちは無視するとどんどんふくらんでいきますが、気づいて受け止めればストップすることができます。また、からだを動かすことで、からだが温まり起きる準備になります。

①
目覚めたら、今の自分の気持ちを感じよう。こころの中でやさしい言葉をかけよう。

②
息を吸いながら手足をのばし、息を吐きながらゆるめよう。何度かくり返してね。

③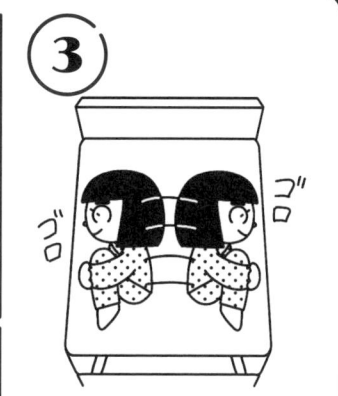
ひざを曲げて両うででかかえ、左右にゴロゴロ。

④
足首を内回しに5回、外回しに5回ぐるぐる。

⑤
手首を内回しに5回、外回しに5回ぐるぐる。

⑥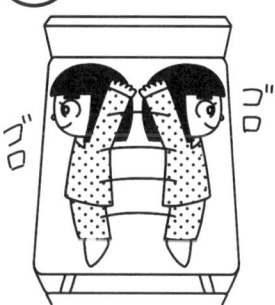
手足をのばして、からだごと左右にゴロゴロ。そしてゆっくりと起き上がろう。

ポイント

肩や首の力を抜いて、のんびりと呼吸をしながら行います。動かす順番は好きに変えてもかまいませんので、からだが動きたいように動いてみましょう。最初は、自分にやさしい言葉をかけたり、笑顔になることをむずかしく感じる子どももいるかもしれませんが、だんだんとできるようになると伝えてあげてください。

呼吸は友だち

こんなときにおすすめ▶ こころを整えたいとき

　みんなのこころはとても不安定だから、あちこちに飛んでいって、勝手に不安や心配事を作り出してしまうことがあるんだよ。

　そんなときは自分の呼吸と友だちになろう。

　呼吸は、いつでも「今ここ」にあるものだから、呼吸と友だちになれれば、こころも「今ここ」に落ち着いてくれるんだ。呼吸と友だちになる練習をして、自分の中に心強い味方をつくっておこう。朝にかぎらず、いつでもどこでも呼吸のことを思い出せるようになれるといいね。

呼吸と友だちになってみよう！

こんなメカニズム▶ 今意識したいものに意識を向ける練習をすることで、集中力が高まります。自律神経が整い、からだやこころがリラックスします。

①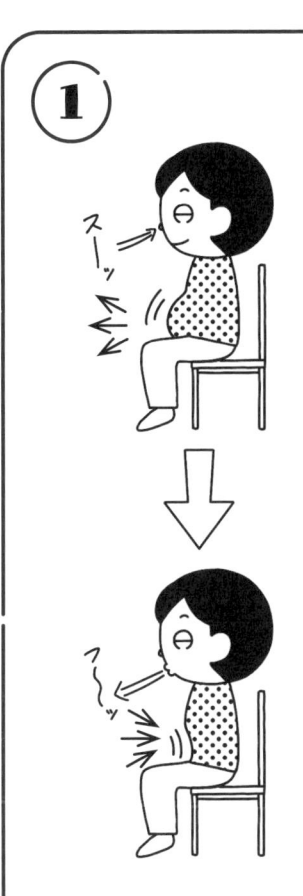

【座る】基本姿勢になり、吸う息と吐く息を感じよう。10回呼吸をくり返し、おなかがふくらむなどからだの様子を意識しよう。

②

集中して1分間続けてみよう。こころがどこかへ行きそうになったら、呼吸と手をつないで「今」にもどってこよう。

③

終わりの合図があったら、最後の息を吐き、目をとじていた人はゆっくりとまぶたをあけよう。

ポイント

呼吸は意識的にコントロールせず、ありのままを感じるようにしましょう。呼吸が速かったりゆっくりだったりすることにただ気づくことが大切です。呼吸から注意がそれている様子が見られたら、呼吸に意識をもどすようそっと伝えます。注意がそれるのはとても自然なことです。ワークを続けることで集中力が高まりこころが穏やかになっていきます。

マインドフル歯みがき

こんなときにおすすめ▶ 歯をみがくのがめんどうくさいとき

　みんなはどんな気持ちで歯みがきしているかな。「めんどくさいから早く終わらせよう」とか「終わったら○○をやろう」とか考えていないかな。考えごとをしながら歯みがきをすると、すみずみまでみがけているかわからなくなってしまうよね。もしみがき残しがあると虫歯になって、おいしくごはんが食べられなくなるかもしれないね。歯をみがくときはマインドフル歯みがきをしてみよう。「一本いっぽんていねいに」「歯って大切だな」と思いながら、集中して歯みがきすれば、歯も頭の中もスッキリするよ。

歯の一本いっぽんに意識を向けてていねいにみがいてみよう！

こんなメカニズム▶

「今ここ」に意識を向けながら一本いっぽんていねいに歯みがきをすると、いつもより上手にみがけたり、いつも食べものをかんでくれていることに感謝を感じたりできます。歯みがきをしながら「今ここ」にこころをつなぎとめておくと、脳のつかれもとれてリラックスできます。

① 自分に「歯みがきしよう」と声をかけよう。こころの中でも OK。

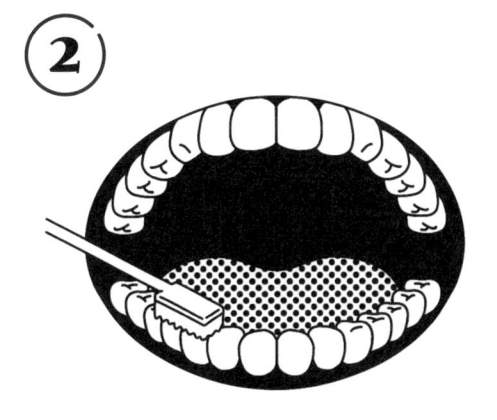

② 歯ブラシの毛先を歯にまっすぐあてて、1～2本をめやすに小さく動かそう。

③ 歯と歯ぐきのさかい目、歯と歯の間、奥歯。歯ブラシの感触を感じながらていねいにみがこう。

④ いつもがんばってくれている歯に気持ちを届けながら、一本いっぽんしっかりみがいたら、よくみがいた歯が見えるようににっこり笑おう。

ポイント

最初は慣れなくて時間がかかるかもしれませんが、だんだんと上手にできるようになります。上手に磨けるようになると歯みがきが楽しみになります。一本いっぽん意識を向けて磨くことで磨き残しも減りますし、なによりも「日常の中でのマインドフルネス実践」につながります。

6 ヘビのシューシュー呼吸

こんなときにおすすめ▶ やる気を出したいとき

　朝、目が覚めたとき、「学校行くのめんどうくさいな」「今日は何もやりたくないな」っていうときあるよね。心配しなくても大丈夫。からだは元気なのにやる気がでないことってだれにでもあるんだよ。人間はロボットじゃないから、気持ちが毎日変わるのはとても普通のことなんだ。無理してやる気を出そうとしなくてもいいんだよ。そんなときは自分のこころとからだの状態に気づいて、自分をなでたり、ハグしてみよう。

　落ち着いたら「ヘビのシューシュー呼吸」がおすすめだよ。おなかの力を使うからからだがあったかくなるし、自然にやる気もアップするんだ。ヘビになったつもりでシューシューやってみよう。

ヘビになったつもりでシューシュー呼吸してみよう！

こんなメカニズム▶ ゆったり呼吸をすることで自然とおなかに力が入って体温が上がり、内臓のはたらきが活発になります。呼吸の音に意識を向けることで集中力もアップします。

①

【座る】基本姿勢からスタート。手のひらに「はあー」っと息をふきかけよう。のどの奥を少ししめるイメージで呼吸をくり返そう。

②

慣れてきたら口をとじてやってみよう。吐くときも吸うときものどの奥を閉めるように「シュー」という音を出しながら呼吸をくり返そう。

③

最後に息を「シュー」と吐き終えたら、自然な呼吸を5回くり返し、目をとじていた人はゆっくりとまぶたをあけよう。

ポイント

吸う息も吐く息も同じくらいの長さで行ってみましょう。のどの奥をしめる感覚がわかってきたら、おなかを軽く引きしめるように意識をしてみましょう。慣れてくると大きな音を出そうとする子どももいます。そのときは、「隣の人に聞こえないくらいの音で」と伝えましょう。

にっこり呼吸

気持ちを切りかえたいとき

　なにか気になることがあると、学校に行くのがいやだなあと思うこともあるよね。たとえば「算数のテストいやだなあ」とか「昨日友だちとけんかしちゃった」とか、気になることを何度も考えてしまうと、こころだけじゃなくてからだも重くなっちゃうよね。

　そんなときはにっこり笑顔で笑いながら息をしてみよう。「笑う」って人間がもっているすばらしい才能なんだよ。楽しいから笑うんじゃなくて、笑うから楽しくなるんだ。たっぷり息を吸ってあははーって大きな声で笑ってみると、不思議と気持ちが切りかわって、からだもこころも軽くなるよ。

大きな声でおなかの底から笑ってみよう！

こんなメカニズム▶ 「笑う」とオキシトシンなどの幸せを感じるホルモンが分ぴつされ、こころの痛みを和らげます。また大声で笑うことによって心肺機能や筋肉をきたえることができます。

①

【立つ】基本姿勢（11 ページ参照）になり、鼻から大きく息を吸い、口から吐くときに大きな口を開けて大声で笑おう。

②

①のワークを、手をたたいたり、歩いたり、からだを自由に動かしながら、30秒くらい続けよう。だんだん長くしていっても OK。

③

最後に息を吐き終えたら、自然な呼吸にもどして笑顔のまま 5 回呼吸をしよう。

ポイント

たっぷりと息を吸い、全部息を吐ききりましょう。最初はぎこちない子どももいるかもしれませんが、やっているうちに楽しくなることを伝えます。慣れてきたら近くの友だちや大人と目を合わせながら笑うとより楽しく行うことができます。

山になる

こころが落ち着かないとき

　山にはどんなイメージがあるかな。大きくて、どっしりしているよね。でも山の様子は、お天気や季節によって変わるよ。おひさまがふりそそぐ日もあれば、雨や嵐の日もあるけど、山はどーんと力強くそこにあるよね。

　こころは山と同じだよ。うれしかったりかなしかったり、毎日いろんな気持ちになるよね。そんなときは自分が山になるイメージをしてみよう。どんな気持ちになったとしても、なにがあってもどーんとかまえて大丈夫って思えるよ。

山になったイメージをしてのんびり呼吸してみよう。

こんなメカニズム▶ いつも変わらないどっしりとした山を見ると安心します。でも山の状態は常に変化するものです。わたしたちのこころも同じ。いろんな感情がわき起こっても、本当の自分はゆるぎないものです。どっしりとした山になりきって、今そんな気持ちが起こってるんだとながめれば落ち着きます。

①

【座る】基本姿勢になり、吸う息と吐く息を感じよう。おしりや足は山のふもと、胸・おなか・腕・背中はしゃめん、頭は頂上……。山になるイメージをしよう。イメージできたらゆっくりと5回呼吸しよう。

②

からだとこころに意識を向けよう。どんな感覚があるかな？　どんな気持ちかな？　山になったまま「今、自分の中でそんなことが起こってるんだ」とながめよう。

③

吸う息と吐く息を感じよう。山になった気持ちで5回、ゆっくりと息を吸い、ゆっくりと吐こう。

ポイント

ワークを行う前に山について話をしたり、写真を見せたりしてあげるとイメージが湧きやすく、楽しんでできるかもしれません。一見変わらないように見える山にもいろんな変化が起こっていること、でも山は変わらずどっしりとしていることを伝えてあげましょう。

のっし、のっし、恐竜歩き

こんなときにおすすめ▶ いろいろ考（かんが）えてしまうとき

　みんな、ふだん歩（ある）くときって、どんなことを考（かんが）えながら歩（ある）いているかな？

　「今日（きょう）は給食残（きゅうしょくのこ）さず食（た）べられるかなあ」とか「昨日（きのう）は漢字（かんじ）ノート忘（わす）れちゃった」とか、あれこれ考（かんが）えながら歩（ある）いたりしてないかな？

　それもたまにはいいけど、頭（あたま）の中（なか）のおしゃべりがずっと続（つづ）くとこころもからだもエネルギーが切れてへとへとになっちゃうんだ。

　そんなときは「歩（ある）く」っていう、いつもあたりまえにやっていることをあえて意識（いしき）してやってみよう。足（あし）のうらを感（かん）じているうちにふしぎと頭（あたま）の中（なか）のおしゃべりがおさまってくるよ。

　恐竜（きょうりゅう）になったつもりで、のっし、のっし、と歩（ある）いてみよう。いつのまにかこころが晴（は）れやかになるよ。

やってみよう！

足のうらをしっかりと感じながら歩いてみよう！

こんなメカニズム▶ ふだん無意識にしていることを意識して行うことで、こころを今に向けられるようになります。また足うらをしっかりと感じることで「地に足のついた」感覚になってきます。

①

【立つ】基本姿勢になり、足のうらを感じたらしっかりと大地をふみしめてみよう。

②

右！ 左！

右足のうらが地面についたら「右」、左足がついたら「左」と声に出して言おう。恐竜になったつもりで、のっし、のっし、とゆっくりと歩こう。慣れたらこころの中で言ってもいいよ。

③

スゥ〜…

フゥーッ

最後は立ち止まって、両足で大地をふみしめ、5回呼吸をしよう。

ポイント

車や歩いている人にぶつからないように、安全な場所で行いましょう。かけ声にならないように、足うらが地球をふみしめる感覚をしっかり感じてから「右」「左」と声を出すようにするとより意識が足うらに集中しやすくなります。

スタンプ歩き

こんなときにおすすめ▶ 気持ちがしずむとき

　だれかに言われた言葉が気になって、頭の中で何度もくり返しちゃう。元気も出ないし、学校に行くのがいやだなあ。

　そんなときは言葉を上手に使ってみよう！　言葉には不思議なパワーがあるんだよ。パワーを上手に使えば、気持ちを明るくすることもできるんだ。

　「恐竜歩き」でやったように足うらをしっかり感じて歩いたら、今度は地面にスタンプをおすイメージで、自分の名前や自分が元気になる言葉を言ってみよう。むずかしく考えないで大丈夫。「こんな言葉はどうかな？」と実験するつもりで試してみよう。自分の足あとを地球に残す、そんな気持ちで楽しみながら歩いてみよう。だんだん明るい気持ちになってくるよ。

言葉の力で気持ちを前向きにしてみよう！

こんなメカニズム▶ 自分の名前や好きな言葉、自分を元気づける言葉をくり返すことで気持ちが前向きになります。また足をしっかりふみしめる動作と組み合わせることで、「今ここ」に意識を向けやすくなります。

①

【立つ】基本姿勢になり、足のうらを感じたらしっかりと大地をふみしめてみよう。

②

足のうらが地面についたら、自分の名前を声に出そう。足のうらでスタンプをおすようにゆっくりと歩こう。

③

次は自分の好きな言葉のスタンプをおしながら歩こう。「大好き」「笑顔」「夢」なんでもいいよ。最後に立ち止まって、今の気持ちを感じてみよう。

ポイント

車や歩いている人にぶつからないように、安全な場所で行いましょう。一歩いっぽ、足うらを丁寧に感じながら、表情や呼吸、名前や言葉を言ったときのこころに意識を向けてみましょう。何を言えばいいか迷う子どもには、ウキウキしたり、気持ちが明るくなるような言葉であればなんでもいいと伝えましょう。好奇心を持っていろいろ試してみましょう。

外の世界探検歩き

こんなときにおすすめ▶ ワクワク感がたりないとき

　通学路にどんなものがあるか、今から20個言えるかな？　急に言われると、意外とむずかしいよね。

　「学校へ行かなきゃ」「習い事へ行かなきゃ」。そんなふうに「目的地」のことばかり考えていると、そこに着くまでの「道のり」を楽しむことを忘れちゃうよね。だからたまには少し早くおうちを出て、探検するつもりでこの世界を楽しんでみよう！

　「見る・聞く・におう・味わう・ふれる」の5つの感覚を五感っていうんだよ。五感を使って、世界をながめてみよう。道ばたの花、いろいろな音、パンのやけるにおい、顔にふれる風……。きっといろいろな発見があるよ。学校に着いたら、その発見を先生や友だちにお話ししてもいいかもしれないね。

世界を探検しながら歩いてみよう！

こんなメカニズム▶ 五感を使って「今ここ」を感じることで視野が広がり、自分やまわりの世界と興味を持って関われるようになります。

① 【立つ】基本姿勢になり、足のうらを感じたらゆっくりと歩きだそう。何が見えるかな？　道、電柱、車……目に映るものをこころの中で言ってみよう。

② そのまま耳をすませよう。人の声、車の音、鳥の声……どんな音が聞こえる？

③ 空気やアスファルトのにおい……どんなにおいがするかな？　おひさまの温かさ、洋服の感触……はだには何を感じるかな？　五感を使って外の世界を感じて味わおう。

ポイント

車や人にぶつからないように、安全な場所で行いましょう。最初は味わう五感を一つ決めて取り組み、慣れてきたら、少しずつ増やしていきましょう。大人も、子どもになった気分で、好奇心や興味のおもむくままに歩いてみてください。終わったあとに、気づいたことを友だちや家族、クラスでシェアし合うと、お互いの気づきの力を高めることができるでしょう。

 **豆知識①**

マインドフルネスと呼吸

　マインドフルネスは呼吸法ではありませんが、どのワークでも呼吸をとても大切にしています。呼吸には体や心に良い影響をもたらすさまざまな効果があるからです。

効果①　リラクゼーションとストレスの軽減

　ゆったりとした呼吸をすることで、副交感神経が優位になります。心拍数や血圧が下がるので、体がリラックスした状態になります。またストレスホルモンであるコルチゾールの分泌も減少し、免疫機能を高めることにもつながります。

効果②　心の安定

　「息」は「自ら」の「心」と書きます。それくらい、呼吸と心は深くつながっています。意識的にゆったりとした呼吸をすることで、心を穏やかに保ちやすくなります。

効果③　集中力の向上

　質の良い呼吸は脳への酸素供給を増やし、集中力を向上させると言われています。仕事や勉強など、集中力が必要な場面で質の良い呼吸を行うとパフォーマンスを向上させることができます。

効果④　自己理解が深まる

　呼吸を観察することは、自分の心が今どんな状態なのか理解することにつながります。自己理解が深まることで、自分の感情と上手に付き合ったり、表現したりすることができるようになります。そのことが健康的な人間関係を築くことへとつながっていきます。

効果⑤　ウェルビーイングの向上

　私たちの悩みごとのほとんどは、過去や未来にまつわることだと言われています。

　後悔や不安のような今悩んでもどうすることもできないことで「どうしよう」という妄想を巡らせ、ぐるぐる考え続けてしまいます。ストレスホルモンが分泌されることで体調を崩したり、心が疲弊したりしてしまいます。

　それに対して呼吸は「今この瞬間の現実」です。「今この瞬間」の呼吸に意識を向けることで、心が妄想から解放され、これまで気づかなかった目の前の小さな幸せにも気づきやすくなっていきます。

　呼吸はいつでもどこでも私たちと一緒にいる、とても頼もしい味方です。呼吸に意識を向けた経験がないと、最初は難しく感じるかもしれませんが、くり返し練習してみてください。子どもたちだけでなく、大人のみなさんにとってもいろいろな場面できっと助けになってくれることでしょう。

PART 2

授業の前や授業中の ワーク

さあ、今日も1日元気にいこう。

でも、授業の前や授業中、ドキドキ緊張したり不安になったり、いろんな気持ちがわき起こるよね。そんなときにやってみてほしいワークだよ。きっと気持ちに変化があるはず。

こころが落ち着いているときにもぜひやってみて。きっと気づかなかった新しい自分と出会えるよ。

4・4・8の呼吸

こんなときにおすすめ▶ ドキドキ・きんちょうするとき

　テストや発表会の前、不安になったりドキドキしたりすることないかな？　「がんばって落ち着こう」「ドキドキをなくそう」って思うとかえってうまくいかないよね。

　そんなときには「4・4・8の呼吸」をやってみよう。数を数えながら息をするよ。「4つで吸って」「4つで止めて」「8つで吐く」を何度かくり返すだけで、余分なきんちょうがぬけて、リラックスできるよ。肩の力がぬければきっと、もともと持っている力を全部出し切れるよ！

気になることをわきにおいて、呼吸に集中してみよう！

こんなメカニズム▶ 不安や緊張は止めようとすると逆に大きくなると言われています。そんなときは呼吸を使ってこころを整えることが有効です。息を長く吐くことで、リラックスしているときにはたらく副交感神経が優位になり、自然とこころが落ち着いてきます。

①

【立つ】基本姿勢になり、大きく息を吸って、それを全部吐き出そう。

②

吐き切ったら、4つ数えながら鼻から息を吸い、吸い切ったら、息を止めて、4つ数えよう。数え終わったら、今度は8つ数えながら息を吐き出そう。

③

②を10回ほどくり返し、息を吐き終えたら自然な呼吸を5回しよう。最後にフゥ～と大きく息を吐こう。途中でくるしくなったら、自然な呼吸にもどしてね。

ポイント

息を吸うときにおなかをふくらませ、吐くときにおなかをへこませてみましょう。できるだけ鼻から吸って鼻から吐くのがおすすめですが、難しければ鼻から吸って口から吐いてもかまいません。数える速さは、自分が心地よく感じるテンポで大丈夫です。慣れてきたらゆっくり数えてみましょう。

耳をすませてみる

授業に集中したいとき

　先生の話を聞いているつもりなのに、気がつくとほかのことを考えているときってないかな。集中したいのにこころが落ち着かないことってあるよね。こころって、広い海をただよっている小さな舟のように、あっちへいったりこっちへいったりしちゃうんだ。波がどこから押し寄せてくるのかもわからない。すると、舟はゆれ、目的地がますます遠のいてしまう。

　そんなときは、耳をすませよう。音は、今この瞬間にしか存在しないものだよ。だから音の力を使うと、舟のようにあっちへこっちへ動き回ってしまうこころを「今ここ」にもどすことができるんだよ。

音に意識を集中してみよう！

こんなメカニズム▶　集中できないときは、無理に集中させるより「音」に興味を向けさせることが効果的です。聞こえてくる音に耳をすますことで、こころを「今ここ」につなぎとめることができるようになります。

①　【座る】基本姿勢になり、吸う息と吐く息を感じよう。鐘の音が3回鳴るので、よーく耳をすませてみよう。音が消えたあとの「余韻」にも耳をすませよう。

②　その集中力を保ったまま、遠くから聞こえる音、近くから聞こえる音をそれぞれ3つ見つけよう（2分間）。

③　好きな音を1つ選んでその音だけをじーっと聞いてみます（1分間）。

④　「しーん」とするような静けさの音に耳をすませます（1分間）。最後に1つの鐘の音をしっかり聞こう。

ポイント

子どもが落ち着かないとき、空間全体がざわついているときなどは、大きな声で何かを伝えるよりも「聞く耳」を持ってもらうほうが大切です。いい音がする鐘や楽器などを用意すると、自然と耳をすまして聞くことができます。聞く耳を持つことができれば、先生や親の話や勉強の内容も集中して聞けるようになってきます。

PART2　授業の前や授業中のワーク

手をパーン

こんなときにおすすめ▶ テストや試合の前に

　テストの前や大切な試合の前に、うまくやろうと思うほどきんちょうしてきちゃうことってあるよね。

　そんなときは、両手を胸の前で、パーン！　とたたこう。手のひらにどんな感覚が広がるかな？　ビリビリしたりジンジンしたりしているよね。この感覚がなくなる最後の最後まで感じてみよう。

　気づいたかな？　ビリビリやジンジンを感じているあいだはテストのことも試合のことも忘れているよね。気になることが消えるんだよ。

　胸の前で手をパーン！　たったこれだけで、こころを「今ここ」に呼びもどせる不思議なワークだよ。

やってみよう！

胸の前で両手をパーンとたたいてみよう！

こんなメカニズム▶ 手をたたくと、とてもわかりやすい感覚が生まれます。その感覚を感じ続けることで、こころを「今ここ」につなぎとめ、集中力が一瞬で高まります。

① 【座る】基本姿勢になり、吸う息と吐く息を感じよう。10回くらいくり返したら、せーので手をたたこう。

② 手のひらはそのまま、ビリビリ、ジンジンがなくなるまで感じてみよう。

③ もう1回やってみよう。「せーの！」でパーン！

④ ビリビリ、ジンジンを最後まで感じよう。

ポイント

呼吸を感じ、落ち着いてからはじめましょう。手のひらの感覚を、最初から最後までできるだけ丁寧に感じるように伝えてみてください。ビリビリ、ジンジンの大きさや長さの違い、終わったあとの両手のひらの感覚にも意識を向けてみましょう。両手を使うのが難しいお子さんは、太ももを叩いて感じてみましょう。

PART 2 授業の前や授業中のワーク

15

カエルに変身

こんなときにおすすめ▶ からだとこころを落ち着けたいとき

　じっとしなくちゃいけない場面で、立ち上がりたくなったり、動きたくなったりしちゃうことってあるよね。そんなときはカエルを思いうかべてみよう。

　泳いだりジャンプしたりすばやくエサをとったり、まるで忍者みたいなカエルだけど、いつもはじーっと座って呼吸をしているんだよ。自分のからだ・こころの様子、自分のまわりの様子、いろいろなことを観察しているんだ。

　みんなもカエルになったつもりで今起きていることを観察してみよう。からだもこころも落ち着いてくるよ。

やってみよう！

カエルに変身してみよう！

こんなメカニズム▶

過去や未来に意識を向けることは、生きるために必要な脳のはたらきですが、こころの調子をくずす原因にもなります。「今この瞬間起きていること」に意識を向けて、自分や世界を外からながめる練習を続けると、おだやかで落ち着いたこころを育てることができます。

①

【座る】基本姿勢になり、吸う息と吐く息を感じよう。吸うとふくらんで、吐くとしぼんで……。カエルのおなかのように自分のおなかも動くよ。

②

考えごとがうかんできたら、考えごとが流れる雲にのって消える様子をただながめよう。そしてまたカエルをイメージするよ。

③

呼吸、おなか、カエルのようにふくらんだりしぼんだりするからだの様子を感じ、観察しながら5回呼吸をしよう。最後にフゥ〜と大きく息を吐こう。

ポイント

じっと座っているカエルの写真や動画を見てから行うとイメージしやすいかもしれません。カエルの表情のまねをしながら行うと子どもたちは楽しんでくれるかも。遊びの中で練習すると、じっとしているのが苦手な子どもでも落ち着く感覚がわかってくるでしょう。

16

ふうせん呼吸

自分らしさを取りもどしたいとき

　まわりのみんなのことが気になって、自分はどうすればいいのか わからなくなっちゃうときってあるよね。そんなときはいったん、頭の中をからっぽにして、自分の呼吸を感じてみよう。「息」って漢字をよーく見てみると、「自」（自分）＋「心」（こころ）って書くよね。それくらい、息＝呼吸は、こころと深くつながっているんだよ。

　だから、自分らしさを取りもどしたいときは、自分が大きなふうせんになったイメージで大きくゆったり呼吸をしてみよう。こころがのんびりくつろいで、自分らしさももどってくるよ。

ふうせんになったつもりで呼吸してみよう！

こんなメカニズム▶ 肺や横かくまくをしっかりと使って深呼吸することで、自律神経のバランスが整い、こころが安定してきます。また息をたっぷり吸っておなかに圧をかけることで自信ややる気がもどってきます。

①

【座る】基本姿勢になり、みぞおちのあたりをなでたり、やさしくトントンしたりしよう。

② 5、4、3、2、1

からだの前で両うでをクロスし「5、4、3、2、1」と数えながらふうせんがしぼんでいくように口から息を吐こう。

③ 1、2、3、4、5

両うでを開いて「1、2、3、4、5」と数えながら鼻から息を吸い、ふうせんがふくらむようにおなかをふくらませよう。

④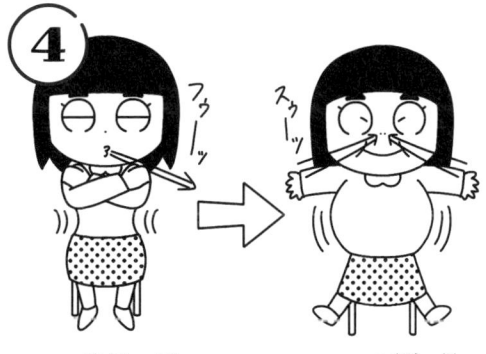

からだ全体を使いながら、②③の呼吸を何度かゆっくりくり返そう。息を吐き終えたら自然な呼吸にもどって、自分のペースで5回呼吸しよう。

ポイント

「息を吐くこと」が大切です。慣れてきたら、これ以上吐けない！ というところまでしっかりと吐き切ることを意識しましょう。吸うときは心地よい感覚を全身で味わいます。5つ数えるのがむずかしいときは、3つくらいからはじめてだんだん長くしてみましょう。

17

気持ちの見える化

こんなときにおすすめ▶ 気持ちを整理したいとき

　しなくちゃいけないことがたくさんあって毎日いそがしい！　あれもやらなきゃ、これもやらなきゃ……。ずっと考えていると頭からけむりが出そうだよね。

　そんなときは、自分が「今思っていること」を紙に書き出してみよう。書き出すことは「こころのおそうじ」になるんだよ。なにをしなくちゃいけないのか、なにからはじめたらいいのか、頭の中を整理せいとんすることができるんだ。

　続けていると「こんなことをするとうれしいんだな」「こんなことがあるとイライラするんだな」って自分のこころのくせにも気づけるよ。自分らしく生きるためのヒントがたくさん見つかるよ。

気持ちを紙に書き出してこころのおそうじをしてみよう！

こんなメカニズム▶ 書き出すことで気持ちを「見える化」し、頭をすっきりさせることができます。続けていくことで自分のこころのくせに気づき、自分自身への理解も深まります。

① 書き出すテーマを決めよう。どんなことでもいいよ。

② 【座る】基本姿勢になり、吸う息と吐く息を感じよう。5回ゆっくり呼吸しよう。

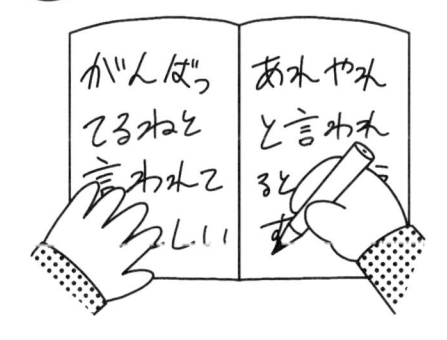

③ 「はじめます」の合図で書くよ。途中でやめないで、思いつくまま書いてみよう。

④ 3分たったら「おわり」の合図があるよ。書いたことをやさしい気持ちでながめよう。

ポイント

最初は自分の気持ちを書き出すのがむずかしい子どももいますが、続けるうちにどんどん書けるようになります。「こんなこと書いていいのかな」と心配する必要はないと伝えましょう。思い浮かんだことをどんどん書かせてあげましょう。最初は3分くらいからはじめて、慣れてきたら5分、10分と時間を延ばしていってもいいでしょう。

18

自分のこころと電話

こんなときにおすすめ▶ きんちょうするとき、不安なとき

　テスト前や試合前、みんなの前で発表するとき……。新しいことや苦手なことにチャレンジするのはこわいよね。でもきんちょうや不安を無理に消そうとすると、むしろその気持ちがどんどん大きくなっちゃうんだ。

　そんなときは、自分のこころの声をしっかり聞いてあげるといいよ。自分のこころに電話をかけて、大切な友だちの話を聞くときみたいに「どうしたの？」ってたずねてあげよう。

　声が聞こえてきたら「そんなこと思ったらダメだよ」なんてアドバイスしないで、「そうなんだね。そう思っているんだね」ってただやさしく聞いてあげようね。気持ちが落ち着いて、大丈夫って思えるよ。

自分のこころに電話をかけてみよう！

気持ちはおさえつけても消えません。しっかりと受け取り、感じることで消化することができます。どんな気持ちでも受け入れることでこころの整理がしやすくなります。

①

【座る】基本姿勢になり、吸う息と吐く息を感じよう。こわいこと、不安なことがあったら自分に電話をかけてみよう。

②

どんな声が聞こえてきてもやさしく聞こう。自分をぎゅっとだきしめてもいいよ。

③

最後まで自分のこころの声を聞いてあげたら「じゃあ、またね」と電話を切ろう。自然な呼吸を5回しよう。

PART 2

授業の前や授業中のワーク

ポイント

電話をかけるイメージがむずかしい子どもがいたら、実際に会話の相手をしてあげるといいでしょう。ネガティブな気持ちを感じることは避けたいと思いがちですが、しっかりと感じて理解・対処することで感情に対する向き合い方が身についてきます。

19

気持ちの名前

こんなときにおすすめ▶ 気持ちとうまくつきあいたいとき

　「明日はテストだ」「来週はマラソン大会だ」と、未来のことを考えると心臓がドキドキしたり、汗が出てきたりすることもあるよね。それは「うまくやりたい」という気持ちのあらわれで、とても自然なことなんだよ。

　そんなときは、気持ちに「名前」をつけてみよう。まずは「自分は今、何を感じているのかな？」って、こころの声に耳をすませてみよう。感じている「気持ち」がわかったら「名前」をつけて、友だちを呼ぶみたいに呼びかけてみよう。きっとその「気持ち」との距離がちぢまって、仲良くなれるよ。するとふしぎ。こころが安定してくるよ。

気持ちに名前をつけてみよう！

こんなメカニズム▶ 不安な気持ちは、あいまいなままにするとどんどん大きくなるという性質があります。ぼんやりとしている気持ちに名前をつけて整理・理解することで、こころが安定してきます。

①

こころの声に耳をすまして、思いうかんだ言葉やイメージを紙に書き出そう。

②

目をとじ、手を胸のあたりにおいて、書き出した気持ちのニックネームを考えてみよう。「バクハツくん」「ドキドキさん」のようにつけてみよう。

③

のんびり呼吸しながら名前をつけた「気持ち」からお話を聞こう。何も言わなくてもただいっしょにいてあげよう。

④

最後の息を吐き終えたら、にっこり笑顔でバイバイして目を開けよう。

ポイント

言葉が思いうかびやすい人、イメージが思いうかびやすい人、いろいろなタイプがいます。なかなか言葉がうかばない子どもには、気持ちをあらわすカードなどを使って、大人といっしょにしっくりくる「気持ち」を探すのもいいでしょう。慣れてくると、いろいろな名前が出てくるかもしれません。楽しみながらやってみてください。

PART 2 授業の前や授業中のワーク

20

未来の自分への手紙

こんなときにおすすめ▶ 元気が出ないとき

　一生けん命やっているのにうまくいかないと、悲しくなったり元気がなくなったり、自分がひとりぼっちなような気分になっちゃうよね。

　そんなときは自分に手紙を書いてみよう。絵をかいたり、好きなシールをはってみてもいいよ。

　メールやSNSは便利だけど、お手紙をもらうとうれしいよね。それはきっと相手が自分のために「時間」と「エネルギー」を使ってくれたと感じるからだと思うんだ。

　だから今日は未来の自分に手紙を書いてみよう。自分が自分のために「時間」と「エネルギー」を使ってあげるんだ。過去の自分から手紙が届いたら、どんな気持ちになるかな？

未来の自分に手紙を書いてみよう！

こんなメカニズム▶

落ちこんでいると視野がせまくなりがちです。未来を思いえがくことで視野が広がり、気持ちを書き出すことで、こころの整理につながります。実際に自分から届いたはげましの手紙を読むと、こころが前向きになってきます。

① お気に入りの紙や便せん、ふうとう、シールを用意しよう。1行目に「未来の○○へ」と自分の名前を書こう。

② 【座る】基本姿勢になり、目をとじてゆっくり5回呼吸しよう。吸う息と吐く息を感じよう。

③ 手を胸のあたりにおいて、自分自身に問いかけよう。こころの声が聞こえてきたら目を開けて、思いつくままに手紙を書こう。どんなことでもいいよ。

④ 書き終えたらふうとうに入れて、あて名を書いて、手紙を読みたい日を大人に伝えて預けよう。

ポイント

預かった手紙は、指定した日時に子どもに渡してあげてください。実際に切手を貼り、ポストに投函するのもおすすめです。自分に手紙を書くことにとまどう子どもがいたら「日記を書くような気持ちで書いてごらん」と伝えてみてください。自分へのプレゼントになるように、カラフルなペンを使ったり、絵を書いたり、シールを貼ったりすると、楽しく手紙が書けるでしょう。

21

ありがとうの交換会

こんなときにおすすめ ▶ まわりのみんなともっと仲良くなりたいとき

　最近まわりの人たちに「ありがとう」って伝えているかな？　人間は「いつもそばにいる人」や「いつもそばにあるもの」に感謝の気持ちを伝えるのを忘れちゃうことが多いんだ。もちろん大人もそうだよ。

　でも、「ありがとう」って言われるとみんなうれしいよね。だから、ときどき時間を作って、「ありがとう」の気持ちをおたがいに「伝えあう」ことが大事なんだよ。

　「ありがとう」をプレゼントするみたいに、まわりの人におくってみよう。「ありがとう」の気持ちが広がると、笑顔が増えてみんなが元気になるよ。

感謝をおたがいにおくりあってみよう！

こんなメカニズム▶ 家族、友だち、先生……。いつもそばにいてくれる人への感謝の気持ちを思い出し、伝え合うことで、おたがいを思いやるこころが生まれます。

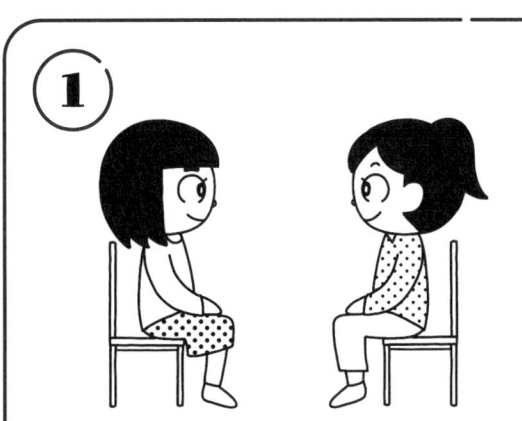

① 2人で向かい合わせに座ろう。

② 目をとじて、相手に感謝したいことを思いうかべよう。どんな小さなことでもOK。思いついたら相手に伝えよう。

③ 伝えてもらった人は笑顔でそれを受け取り、今度は相手に感謝を返そう。これを順番に5回くり返そう。

④ 感謝を交換しあったら、最後にもう一度おたがいに「ありがとう」と言おう。

ポイント

感謝を伝えるときはどちらかがまとめてではなく、順番に行うようにしてください。なかなか出てこなくても、ゆっくり考える時間をとりましょう。感謝できることを見つけようとする取り組み自体がトレーニングになります。なかなか見つけづらくて困っている子どもには、「たとえばこんなことはどう？」とヒントを出してあげてください。

22

感謝のメガネ

こんなときにおすすめ▶ うまくいかないときや、落ちこんでいるとき

　なぞなぞです。「あたりまえ」の反対ってなーんだ。

　えっ？　「え・ま・り・た・あ」？　それもそうだけど……正解は「ありがたい」だよ。

　「ありがたい」は漢字で書くと「有難い＝（有）あるのが（難）むずかしい」って書くんだ。だから「あたりまえ＝あるのがかんたん」の反対は「ありがたい」。つまり感謝なんだ。

　「あたりまえ」のものは、うっかりすると見えなくなっちゃうんだ。だからときどき、マインドフルネスの「感謝のメガネ」をかけて世界を見てみよう。大切なものがたくさん見つかるかもしれないよ。

感謝のメガネをかけてみよう！

こんなメカニズム▶ 脳は「今ここにないもの」に意識を向けがちです。これを放置すると不満がたまりやすくなります。ときどき「今ここにあるもの」に意識を向けると、こころが満たされ幸せや感謝の気持ちがわきやすくなります。

① 【座る】基本姿勢になり、目をとじてゆっくり5回呼吸しよう。吸う息と吐く息を感じよう。

② 目を開けて、イメージの中で感謝のメガネをかけよう。教室にある「よく考えたらあたりまえじゃないこと」を探し、書き出そう。

③ 感謝のメガネで自分のからだを見てみよう。からだにある「よく考えてみたらあたりまえじゃないこと」を探し、書き出そう。

④ 書き出したことをみんなでシェアしよう。

ポイント

実際にダテメガネを準備して行うと、より楽しめます。感謝できるものを見つけるのがむずかしい子どもがいたら、「○○がなかったら困らないかな？」と質問しながらいっしょに見つけてあげるといいでしょう。

PART 2 授業の前や授業中のワーク

23

同じところ・ちがうところさがし

こんなときにおすすめ▶ つながりを感じたいとき

　友だちに対して「自分とちがうな」って思うことあるよね。何色が好きか、どんな食べものが好きかはみんなちがうように、人間は一人ひとり感じ方も考え方もちがっているんだ。ちがいには正解もまちがいもない。みんなちがっていいんだよ。

　もちろん同じこともあるよね。楽しいことは好きだし、苦しいことはいやだ。まちがえたり失敗することもあるけど、「幸せになりたい」と思ってがんばって生きている。みんな同じだよね。

　だから、つらい気持ちのときは自分だけじゃないんだって思ってみよう。こころが楽になったり、がんばろうって思えたりするよ。

みんなとのちがいや共通点を感じてみよう！

こんなメカニズム▶

人はつらいことがあると、まわりを責めてしまったり自分だけが苦しんでいると思いがちです。そんなときは視野を広げて、みんなとのちがいや、同じところを思い出してみましょう。人とのつながりを感じると、こころが楽になります。

① 【座る】基本姿勢になり、吸う息と吐く息を感じよう。

② のんびりと呼吸しながら、大好きな人が喜んでいるところをイメージしよう。

③ のんびりと呼吸しながら、大好きな人が落ちこんでいるところをイメージしよう。

④ みんな顔もこころもちがうけど、同じように喜びや悲しみを感じるよ。自分はひとりではないと感じよう。最後に自然な呼吸を5回くり返そう。

人には個性があり正解も間違いもないこと、一人ひとり違ってもいいんだということを伝えてください。そのうえで、誰もが完璧ではなく、失敗もある中でがんばっているという「人間としての共通性」を意識できると、つながりを感じられこころが楽になります。どうしてもつらいときは、おうちの人や先生に相談するのも大事だよと伝えてあげてくださいね。

PART 2 授業の前や授業中のワーク

忍者になって「今この瞬間」に集中！

　クラスがなんとなくそわそわして落ち着かない雰囲気のときは、みんなで忍者になりきるワークをしてみましょう。

やり方

①4〜5人にグループに分かれよう。

②自分の席から教室のドアまで、忍者になりきって「できるだけ音を立てないように」しのび足で歩いていこう。

③「できるだけ音を立てないように」ドアを開けて外へ出て、しずかに深呼吸を3回。そしてまた「できるだけ音を立てないように」ドアを閉めて、しのび足でもとの場所までもどろう。

④「音を立てないように歩く」という今この瞬間の行動に集中すると、気持ちが落ち着いてきます。

こんなメカニズム

　こころが落ち着かないとき、無理に落ち着けようとすると余計にソワソワとしてしまう悪循環（あくじゅんかん）におちいることがあります。そんなときは、自分がやっている「行動」に意識を集中しましょう。音を立てないように意識すると、一つひとつが丁寧な動作になるため落ち着いた行動につながります。

気持ちを切りかえたいときは、からだを動かそう！
ぬき足、さし足、しのび足……。
忍者になったつもりで、ユーモラスに動くことで
気持ちも明るくなるよ。

休み時間、放課後のワーク

休み時間や放課後も、自分の気持ちと上手に付き合えるといいよね。

友だちや勉強のことで、イライラしたり、悲しかったり、やる気が出なかったり……。そんなときにお助けワークだよ。自分の気持ちを整えるワザを身につけよう。友だちといっしょにやってもいいね。

24

クールな呼吸

こんなときにおすすめ▶ 冷静になりたいとき

　友だちとけんかして頭がカッカしちゃったり、テストで答えがわからなくてあせっちゃうことってあるよね。こんなときあわてて何かをしようとすると、かえって事態をこじらせちゃうことがあるよね。

　「短気は損気」ということわざがあるように、人間は「頭に血がのぼる」といろいろなことがうまく考えられなくなっちゃうんだ。怒ったりあせったりしているときこそ、頭をリセットするつもりで「クールになれる」呼吸をやってみよう。かっこよくいろいろなことに対処できるようになるよ。

冷たい空気を吸いこんでクールダウンしてみよう！

こんなメカニズム▶ 呼吸をゆっくり行うことで副交感神経のはたらきが活発になり、こころを落ち着けることができます。冷たい空気がからだに入ってくることで爽快感も味わうことができます。

① 【座る】基本姿勢になろう。顔をクシャクシャにしてほぐしたり、いーっとしたり、べーっとしたりしよう。

② 舌をストローのように丸めて口から息を吸い、冷たい空気が舌を通ってからだに入るのを感じよう。

③ 吸い切ったら口をとじ、2〜3秒息を止めて、冷たい空気がからだの中をかけぬけるのを感じよう。

④ 口をとじて鼻からゆっくり息を吐き出して、温かい空気が出るのを感じよう。これを好きなだけくり返したら、最後は自然な呼吸にもどり、5回呼吸をしよう。

ポイント

舌が上手に丸められない子どもには、上下の歯を合わせて、口を横にいーっと開き、歯のすき間から息を吸うように伝えましょう。息を吸い切ったら口をとじて、鼻から息を吐き出すようにします。舌を丸める方法、歯のすき間から息を吸う方法、どちらのやり方でも同じ効果があります。

PART 3 休み時間、放課後のワーク

25

イライラ・プンプン・さようなら

こんなときにおすすめ▶ イライラするとき

　友だちとけんかしてプンプンしたり、おうちの人に「勉強しなさい！」って言われて「今やろうと思っていたのに」ってイライラしたり。だれでもそんなときあるよね。

　「言い返したい」「やり返したい」、そんなふうに思うかもしれないけど、まずは「怒り」の気持ちに気づいてなだめてあげよう。イライラもプンプンも、やさしくせっすると不思議としずかになってくれるよ。

イライラ・プンプンをなだめてみよう！

こんなメカニズム▶ 怒りを感じたときに出るホルモンは90秒で落ち着くと言われています。怒りを無理におさえずに、怒りを感じていることに気づいて5〜6回呼吸すると、こころもからだも落ち着いてきます。

①

【座る】基本姿勢になり、吸う息と吐く息を感じよう。最近イライラ、プンプンしたときのことを思い出そう。

②

まずは自分が怒っていることに気づこう。がまんしなくていいよ。「怒っているんだね」「大変だったね」と自分に声をかけよう。

③

今度はからだの感覚を感じよう。胸がドキドキしたり、呼吸が速くなってませんか？気になる場所があったら手をあててやさしくなでてみよう。

④

大きく息を吸って、大きく吐いて。ゆっくり5回深呼吸をします。こころの状態を観察しよう。なにか変わりましたか？

ポイント

まずは怒っていることに気づくことが大切です。怒りを消そうとする必要はありません。そしてゆっくり深呼吸をします。怒りを感じているときは、反射的に言い返したりせず、このプロセスをふむことが大切です。落ち着いたら、相手を責めるのではなく「自分はこんなふうにしてほしかった」と伝えてみましょう。相手もわかってくれるかもしれません。

PART3 休み時間、放課後のワーク

26

かべと押し合いっこ

こんなときにおすすめ▶ ソワソワ落ち着かないとき

　「何だか急に不安になってきちゃった」「理由はわからないけどソワソワする」そんなふうにどうしようもなく気持ちが落ち着かなくなっちゃうことってあるよね。そんなとき、自分に「落ち着かなきゃダメ！」って命令してみてもあんまり効果はないんだよ。

　不安やソワソワを感じたときは「こころ」じゃなくて「からだ」の感覚に意識を向けてみるのがおすすめだよ。今、いちばん近くにあるかべを見つけて押し合いっこしてみよう。そのうちだんだん気持ちが落ち着いてくるよ。

かべと押し合いっこしてみよう！

こんなメカニズム▶

こころが落ち着かないときに無理に落ち着けようとすると余計にソワソワする悪循環におちいってしまうことがあります。そんなときは、からだに力を入れて筋肉をきんちょうさせてからゆるめることをくり返すと、からだがゆるんでこころも落ち着いてきます。

① かべの近くに立ち、手のひらでかべにやさしくふれて、しずかになでてみよう。手触りはどんな感じかな？

② 両手でかべをぐーっとしずかに押そう。今、どんな呼吸をしているかな？

③ かべから手をはなし、今の自分の気持ちを感じよう。かべを押す前とちがう気持ちかな？

④ 背中をかべにおし当てて、しずかにぐーっと押します。今、どんな呼吸をしているかな？

⑤ かべから背中をはなし、目をとじて呼吸をし、今の自分の気持ちを感じよう。

ポイント

言葉にできないストレスや衝動を、大きな声をだしたり、泣いたり暴れたりしなくても、上手に外へ逃してあげる方法があると伝えてあげてください。自分で自分をコントロールすることができるのだという感覚が育まれると、どんな気持ちになっても自分は大丈夫という自信がついてきます。

PART3 休み時間、放課後のワーク

27

いやな気分は雲に乗せて

こんなときにおすすめ▶ つらいとき、さびしいとき

　生きていると悲しいこと、つらいこと、さびしいこともあるよね。そんなときは空をながめてみよう。どこまでも広がる大きな青い空はどんなときでもみんなを見守ってくれているよ。空はどんな気持ちだって受け取ってくれるんだ。

　雲が流れて消えていくね。いやな気分も雲のようにいつか消えるんだよ。さあ、思いっきり大きく息を吸って、大きく息を吐きながら、いやな気分をあの雲に乗せて全部ふき飛ばしちゃおう！

いやな気持ちをふき飛ばそう！

こんなメカニズム▶

落ちこんでうつむいていると呼吸も浅くなりがちです。空を見上げれば自然と胸がはって、元気なときの姿勢になり、気分も明るくなります。深呼吸しながらネガティブなものを吐き出すイメージを使うことで、からだもこころも軽くなります。

① 【座る】基本姿勢になり、吸う息と吐く息を感じよう。

② どこまでも続く青い空をイメージしよう。たっぷりと息を吸って、ゆっくりと息を吐こう。

③ いやな気分を雲に乗せよう。思いっきり大きく息を吸いこんで雲をふき飛ばすよ。これをくり返して、全部どこかへふき飛ばそう。

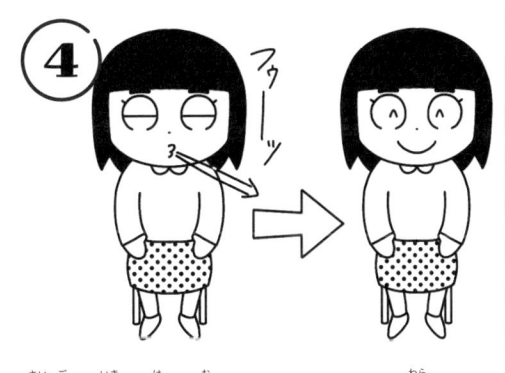

④ 最後の息を吐き終えたら、にっこり笑おう。

ポイント

子どもも、日常生活の中でがまんすることがいろいろあります。いやな気分のときに無理して元気なふりをしなくていいことを伝えてあげてください。姿勢が変わり、呼吸が変われば気持ちも変わってきます。実際に空を見て行うことをおすすめしますが、教室では空をイメージしてもいいでしょう。

PART 3 休み時間、放課後のワーク

28

おそうじゲーム

　やらなきゃいけないことがあるのにだらだらしちゃったり、理由もなくモヤモヤして元気が出なかったり。人間だもの、そんなときもあるよね。そんなときはゲーム感覚でおそうじしてみよう。

　タイマーをセットしたら、よーいドン！　制限時間内に今使わないものを引き出しにしまってみよう。それが終わったら同じようにタイマーをセットして、机を水拭きしたり、いすや床をピカピカにみがくのもいいね。からだを動かしながらおそうじすると気持ちがスッキリして、今やるべきことに取りかかりやすくなるよ。

おそうじゲームでこころもキレイにしちゃおう！

こんなメカニズム▶

脳は、散らかった環境にいるだけでストレスを感じ集中力が低下すると言われています。やる気を引き出す脳内ホルモンのドーパミンは、からだを動かして作業をすると分ぴつされます。片付けをして目から入ってくる情報を減らせば、脳もこころもスッキリして新しいことに取り組みやすくなります。

タイマー（自分の机に置いてもいいよ）を5分にセットし、よーいドン！

机の上を片付けよう。今使わないものは全部引き出しにしまおう。

次は水ぶきにチャレンジ。ぬれぞうきんを用意して、タイマーを3分にセットしたらよーいドン！　で机の上をごしごしふこう。自分のこころのようにピカピカにみがき上げるよ。時間が余ったら、机の足やいす、床もみがいてみよう。

おそうじが終わったら手を洗っていすに座ろう。目をとじて5回深呼吸をしたらゆっくり目を開けよう。

ポイント

クラスみんなで取り組んでもいいでしょう。まずは引き出しの片付けから始めてみましょう。いやなそうじや片付けもタイマーをかけて行うことでゲーム感覚で楽しみながら行うことができます。

29

やる気になる木

　宿題をやらなくちゃと思っているのにやる気が起きなくて、ついついマンガやゲームに手がのびちゃうことってないかな？　おまけに「早くやりなさい！」なんて言われると、ますますやる気がなくなっちゃうよね。

　こころはあまのじゃくだから「やりなさい！」って命令されるとやる気がなくなっちゃうんだ。だからそんなときは、宿題からいったん離れて、立ち上がってからだを動かしてみよう。大きな木になったつもりで、片足で立ってバンザイをしてみよう。もしグラグラしたらそれを楽しみながら、風に揺られる木になったつもりで呼吸してみよう。不思議とこころが「今ここ」に集中して、やる気がわいてくるよ。

片足立ちでバンザイして木になってみよう

こんなメカニズム▶

いやなことを無理やりやろうとしてもこころは抵抗します。そんなときはいったんリセットして別のことに切りかえるのが有効です。片足で立ってからだの中心にあるじくを探りながらポーズをキープすることで集中力が高まり、からだとこころのバランス感覚が強化されます。

① はだしになり、両足をこしのはばに開いてまっすぐ立って、両手をこしに当てよう。いすやかべの近くでやっても OK。

② 左足に体重をのせながら、右足をつま先立ちにしてかかとを左足の足首につけよう。いすやかべにつかまってやってもいいよ。

③ 両手をバンザイしよう。こわい人はかべやいすに手をつけてもいいよ。大きな木をイメージしながら5回呼吸をしよう。グラグラしたらその感覚も楽しもう。

④ 最後の息を吐き終えたら、ゆっくり両うでと両足を下ろし、大地をしっかりふみしめよう。反対の足も同じようにやろう。

ポイント

最初は安定せずグラグラゆれてしまいますが、からだがゆれることで脳が危機感を感じ、「今ここ」に集中できます。ですから逆にゆれることそのものを楽しむように伝えてあげてください。グラグラするのが怖かったり、どうしてもできない子には、いすや壁に片手をつけて行うとやりやすくなります。すべらないように靴下は脱いで裸足で行ってください。

30

自分にありがとう

こんなときにおすすめ▶ やさしい気持ちになりたいとき

　みんなはどんなときにありがとうって言うかな。おうちの人においしいごはんを作ってもらったり、だれかに親切にしてもらうと、ありがとうって言いたくなるよね。

　「ありがとう」っていう言葉を使うと、あったかくてやさしい気持ちになるよね。自分に向けて言ってみても、同じようにやさしい気持ちになれるんだよ。

　いつもがんばってくれている自分のからだとこころにありがとうって言ってみよう。からだとこころがぽかぽかしてくるよ。そんなあったかい気持ちをまわりの人にも広げたら、どんなことが起きるかな？

自分に感謝の気持ちを向けてみよう！

こんなメカニズム▶ 「人に感謝をすること」は教わりますが、自分自身にその気持ちを向けることは忘れがちです。毎日大変な中でがんばっている自分自身に感謝を向けると、からだもこころも楽になります。その気持ちをまわりに広げてみると感謝の輪がつながります。

①

【座る】基本姿勢になり、吸う息と吐く息を感じよう。「ありがとう」の気持ちを自分に伝えよう。声に出してもこころの中でもいいよ。

②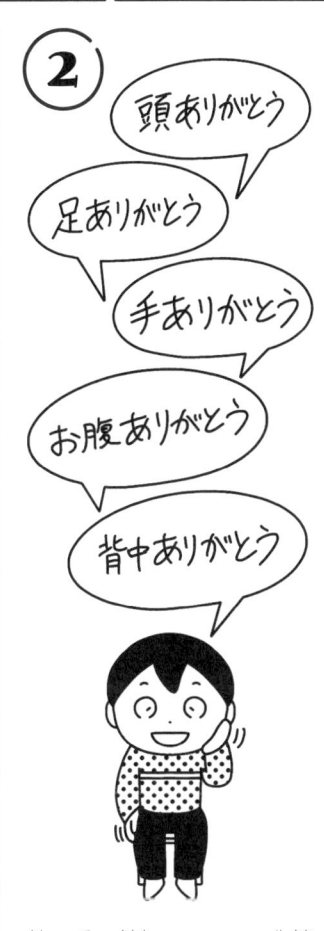

足や手、頭、おなか、背中……。いつも元気にがんばってくれる自分のからだに「ありがとう」。

③

家族、友だち、先生……たくさんの人たちに「ありがとう」。最後に自然な呼吸を5回しよう。

ポイント

最初は照れくさく感じる子どももいるかもしれませんが、健康であることが当たり前ではないことを伝えたり、毎日がんばっていることを思い出させてあげると、自分に「ありがとう」が言いやすくなるでしょう。自分を大切にできれば、まわりの人も大切に思えるようになります。

PART 3　休み時間、放課後のワーク

31

自分をハグ

自信をなくしちゃったとき

　一生けん命やってもうまくいかなかったり、がんばりたいのにがんばれなかったり、思うようにいかなくて自信をなくしちゃうときってあるよね。そんなとき、なんだか自分がダメな人間のような気がして、しゅーんとなっちゃうね。

　でも、完ぺきな人間なんてどこにもいないんだ。どんなに立派に見える大人でも、先生でも、友だちでも、みんな同じように自信をなくしたりするんだよ。

　だから、どんなときでも自分が自分のいちばんの味方でいてあげよう。落ちこんだときこそ、自分をしっかりだきしめて「大丈夫だよ」って言ってあげよう。

自分をだきしめてみよう！

こんなメカニズム▶ 自分のからだにやさしくふれることでオキシトシンという幸せを感じるホルモンが分ぴつされます。また、両うででからだを包みこむことで安心し、気持ちが落ち着いてきます。安心を感じながらやさしい言葉がけをすることで、言葉がこころに届きやすくなります。

①
【座る】基本姿勢になり、うでをからだに巻きつけて、背中を丸くして自分をだきしめよう。

②
手のひらで自分の両かたをポンポンとたたこう。こころの中で自分に声をかけてみよう。

③
自分をギューッとだきしめよう。呼吸するたびからだがふくらんだり、しぼんだりしている様子を5回感じよう。

④
「いつも味方だからね」と自分に言って、うでをほどこう。

ポイント

自分を抱きしめることが苦手な子どもは、肩をぽんぽんと叩くだけにしたり、自分にやさしくふれるだけでもかまいません。言葉がけを無理に行う必要はありませんが、「大丈夫」など気分が良くなる「お気に入りの言葉」を見つけるとお守りがわりになります。時間をかけてしっくりくる言葉を見つけてみましょう。

子どもとマインドフルネス

　近年、子どもにとってのマインドフルネスに関する研究が進み、マインドフルネスを実践することでストレスと不安を軽減し、注意力を高め、対人関係を改善し、思いやりを育むことができることが証明されています。

注意力の向上

　マインドフルネスにより、注意力が改善することが分かっています[1]。一定時間の集中を維持する必要があるタスクにおいてパフォーマンスが向上します[2]。

感情のコントロール

　マインドフルネスは、感情の調節に効果があることが分かっています[3]。外部からの刺激に反応しやすくなっている脳を落ち着かせ[4]、感情的になった場合でもタスクを継続する能力が向上します[5]。

思いやりを育む

　マインドフルネスのトレーニングを行った子どもたちは、困っている人を助け[6]、セルフコンパッション（自分への思いやり）を高めることができます[7]。

ストレスと不安の軽減

　マインドフルネスはストレスを軽減し[8]、ストレスの多い環境におかれたときの不安と苦痛を改善します[9]。

脳の発達

　❶扁桃体（へんとうたい）は、恐怖などの強い感情に反応します。マインドフルネスのトレーニングにより、扁桃体の活動が落ち着きます[10]。

　❷海馬は学習と記憶に関連しており、扁桃体の調節を行っています。マインドフルネスのトレーニングで、海馬は活性化され[11]、灰白質の密度が高まります[12]。

　❸感情や行動などの自己統制をつかさどる前頭前野は、マインドフルネスにより活性化し、成長します[13]。

■ マインドフルネスによる脳の発達

　これらの効果は、認知機能の改善、社会的・感情的なスキル、また幸福度という観点から、長期的に子どもたちをより豊かな人生に導く上で役立つと考えられます。

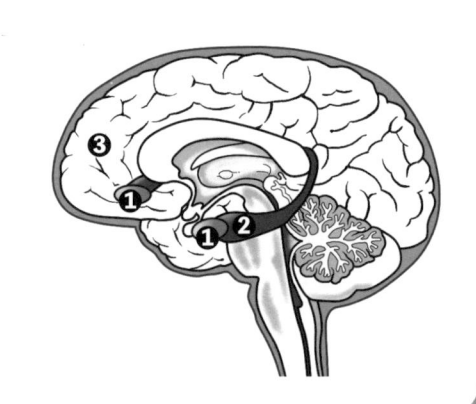

帰宅後、おやすみ前のワーク

今日も1日、こころもからだもおつかれさま。

1日の終わりに自分にもまわりにもやさしくなれるワークを集めてみたよ。

ワークにくり返し取り組むことで、自分にもまわりの人にもあったかくてやさしい思いを届けることができるようになるよ。がんばりすぎないで、ゆったりのんびりで続けてみよう。

32 自分にやさしくタッチ

こんなときにおすすめ▶ つかれたとき

　　なんだか最近つかれちゃった。悲しいことがあって元気が出ない。
だれでもそんな気分になるときがあるよね。
　　つかれたときは、無理して元気なふりをしたり、がんばったりし
なくてもいいんだよ。もし大切な友だちがつかれていたり、元気が
なかったりしたら、話を聞いてはげましてあげるよね。だから、同
じように自分自身にも思いやりを向けてあげよう。
　　大切な友だちや大好きなペットにしてあげるように自分を「なで
なで」すると不思議とこころが落ち着いてくるよ。

自分のからだにやさしくふれてみよう！

こんなメカニズム▶ からだにそっとふれたりやさしくなでたりするとオキシトシンという幸せを感じるホルモンが分ぴつされ、からだとこころが落ち着いてきます。

① 【座る】基本姿勢になろう。胸の真ん中で手のひらを合わせて、温度や感触を楽しもう。

手はあたたかいですか？冷たいですか？

② そのまま両手をつなごう。どんな気持ちになるかな？

③ 両手でほっぺをそっとつつもう。どんな気持ちになるかな？

④ 両うでをさすろう。やさしくなでるとどんな気持ちになるかな？

⑤ 片手を胸のあたりへおき、その上にもう一方の手をやさしく重ねよう。目をとじて呼吸でゆれる胸のあたりの感覚を感じよう。呼吸を味わったら、にっこり笑顔になろう。

ポイント

どの順番で行っても、一部を選んで行ってもかまいません。からだにふれるときは「そっと、やさしく」ふれるように伝えます。痛みや不快な感覚がある場所があれば、いたわるような気持ちでそこに手をそえてみてください。もしからだにふれるといやな気持ちになるときはおやすみしましょう。

PART 4 帰宅後、おやすみ前のワーク

33

五感で食べる

こんなときにおすすめ▶ せっかちをなおしたいとき

　おいしいものを食べると幸せな気持ちになるよね。でもいつもは、あわててご飯を食べたり、給食を大急ぎでつめこんだりしていないかな？　そんなふうに急いで食べると気持ちまでせかせかしちゃうよね。

　たまには五感を使って食べものを味わってみよう。「味」・「におい」・「いろ」・「かたち」・「音」・「かんしょく」を楽しみながら、こころでも食べものを味わってみよう。じっくりとていねいに食べものを味わうと、こころが落ち着いてゆったりとしてくるよ。きっと、好きな食べものはよりおいしく、にがてな食べものも意外といつもよりおいしく感じられるようになるはず。

五感をつかって食べものを味わってみよう！

こんなメカニズム▶　五感を使って「今ここ」に集中する練習になるのと同時に、ふだん無意識にしていることを意識して行うことで、自分のからだやこころのくせに気づく力が高まります。

テレビを消してスマホをしまって食事に集中できる環境を作ろう！

① ひと口で食べられる大きさの食べものを2、3かけら、手のひらに乗せて「生まれてはじめてみるように」観察しよう。

② 目をとじてにおいをかいでみよう。どんなにおい？からだとこころはどうなる？

③ 舌の上に乗せよう。かまずに転がしながら、舌がどんなふうに動くのか観察しよう。

④ ゆっくりかみはじめよう。急いで飲みこまずに、形がなくなるまでじっくりかもう。

⑤ ゆっくりと飲みこんだら、食べものが食道をとおって胃の中におさまる様子をイメージしよう。

⑥ しずかに目をとじて、食べものが自分のからだの一部になっていく様子を感じよう。

PART 4　帰宅後、おやすみ前のワーク

ポイント

食べものは手でふれられるものを用意します。一口大にカットしたフルーツや野菜がおすすめです。食べ慣れたものも、好奇心を持って味わえば新しい発見があります。「食べる」という当たり前の行為にとても複雑なからだの働きがともなっていることに驚くかもしれません。自分や世界への興味や関心をみがくと、幸せを感じる力も高まっていきます。

34 マインドフルに味わう

こんなときにおすすめ▶ 食欲をコントロールしたいとき

　「五感で食べる」マインドフルネスに慣れてきたら、いつもの食事の最初の3口を意識的（マインドフル）に味わってみよう。
　朝、昼、晩と、毎日あたりまえにしている食事。急いで食べるとつい食べすぎちゃったり、ただおなかを満たすだけになりがちだよね。
　この「毎日あたりまえにしている食事」を「マインドフル」にすることで、食べ過ぎをおさえられたり、豊かな味や食感を感じられるよ。そして、この食べものを作ってくれた農家さんや料理を作ってくれた人など、食べものに関係した人たちのことも思いうかべてみよう。こころが満たされると感謝の気持ちがわいてくるはず。

からだもこころも満たすように食べてみよう！

こんなメカニズム▶ ゆっくり時間をかけてかむことで、からだだけでなくこころも満たされます。食べものが食卓に並ぶまでの背景を想像することで自然と感謝の気持ちが持てるようになります。

① テーブルの上の食べものをじっくりながめてみよう。

② ひと口分のごはんをそっと口の中に入れよう。まずはかまずにお米が変化する様子を感じよう。

③ ゆっくりかもう。口や舌の動き、味が変化してゆく様子を楽しもう。形がなくなるまでかんだらゆっくり飲みこもう。

④ 目をとじて、このお米がどこからやってきたのか思いをはせてみよう。

⑤ 目を開けてごはんをもう一度よく観察しよう。2口目も時間をかけて味わおう。

PART4 帰宅後、おやすみ前のワーク

ポイント

慣れてきたらお米以外の食材でも行ってみましょう。食べものの背景を想像するときは、できるだけ具体的にイメージしましょう。また生産者の家族のことまで想像してみると、より広がりやつながりを感じられます。いっしょに食事をしながら、イメージを共有して会話を楽しむのもおすすめです。

35

幸せ貯金ノート

こんなときにおすすめ▶ 幸福感を感じたいとき、ぐっすり眠りたいとき

今日も1日おつかれさま。今日はどんな1日だったかな？

うれしかったことも、悲しかったことも、楽しかったことも、いやだったことも、きっといろんな経験をしたよね。

その中から、うれしかったことや楽しかったこと、できたことや良かったことを3つ書き出してみよう。

例えば「朝、ちゃんと起きられた」とか「ごはんがおいしかった」とか「すずめがかわいかった」とか、どんな小さなことでもいいからノートに書き出してながめてみよう。これを毎日続けると、幸せ貯金がどんどん増えるよ。

今日起きた「良かったこと」を3つ書き出してみよう！

こんなメカニズム▶

人間の脳は放っておくとネガティブなことに注目してしまいます。だからねる前にポジティブなことに注目すると幸せな気持ちになってよくねむれると言われています。ノートを読み返せばさらに幸せな気持ちになりますし、続ければいつもポジティブなことに目が向くようになってきます。

①

【座る】基本姿勢になり、目をとじて胸に手を当てながら3回ゆったり呼吸をしよう。1日をふり返り、うれしかったこと、たのしかったこと、できたことなど、ポジティブな出来事を3つ以上思い出してノートに書こう。どんな小さなことでもOKだよ。

②

書き終えたら、ノートをながめてそのときの気持ちを思い出そう。過去に書いたページもながめていいよ。

③

たっぷりと幸福感を味わったら、最後に口角を少しだけ上げてにっこり笑顔になってからノートをとじよう。

ポイント

最初はなかなか思い浮かばないかもしれませんが、続けるうちに書き出せるようになってきます。どうしても「良かったこと」が思い浮かばない子どもがいたら、一緒に1日を振り返りながら「今日一番美味しかった食べものは何？」「一番面白かったことは？」などと問いかけてあげてください。大人にもぜひ取り組んでいただきたいエクササイズです。

36

やさしさの宅配便

こころをポカポカさせたいとき

　みんなはどんなときに幸せを感じるかな？　テストで100点取ったとき？　おもちゃを買ってもらったとき？　おいしいものを食べているとき？　ひとりで感じる幸せもあるけど、大好きな友だちやおうちの人といっしょに感じる幸せって格別だよね。

　大好きな人たちが笑顔でいてくれると、自分も笑顔になっちゃうよね。

　大好きな人たちが幸せでいてくれると、自分も幸せになっちゃうよね。

　だから自分の幸せだけじゃなくて、みんなの幸せも願ってみよう。胸の奥があったかくなってこころもポカポカしてくるよ。

自分とみんなの幸せを願ってみよう！

こんなメカニズム▶ 人間は他人と助け合って進化してきた動物なので、大切な仲間が幸せだと自分も幸せを感じます。「幸せでありますように」というセリフをこころをこめてくり返すことで、自分にも他の人にもやさしい気持ちを育むことができます。

① 【座る】基本姿勢になり、吸う息と吐く息を感じよう。右手を胸の上において、その上に左手を重ねておこう。

②

この言葉をこころの中でくり返してみよう。

わたしが幸せでありますように
わたしのなやみがなくなりますように
わたしの願いがかないますように
わたしが幸せでありますように

今度はおうちの人を思いうかべながら言ってみます。

おうちのひとが幸せでありますように
おうちのひとのなやみがなくなりますように
おうちのひとの願いがかないますように
おうちのひとが幸せでありますように

今度は友だちを思いうかべながら言ってみます。

友だちが幸せでありますように
友だちのなやみがなくなりますように
友だちの願いがかないますように
友だちが幸せでありますように

③ ゆったり呼吸をしながら、胸の奥を感じよう。どんな感覚があるかな？　最後に5回、自然な呼吸をしよう。

ポイント

最初はむずかしく感じる子どももいるかもしれませんが、そのばあいは言葉を聞いているだけでもかまいません。練習するうちにだんだんと感覚がつかめてきます。
慣れてきたらセリフの中の「おうちの人」は、お父さん、お母さん、兄弟の名前に、「友だち」は「○○ちゃんが」と名前に言いかえると、よりこころをこめて言いやすくなるでしょう。

PART 4

帰宅後、おやすみ前のワーク

37

ハチの呼吸

夜ねむれないとき

　今日失敗したことや明日の心配事を頭の中でグルグル考えて、ねようと思っているのになかなかねつけないことってないかな？

　そんなときには、ハチの呼吸をやってみよう。ハチに変身した自分をイメージしながら羽音を呼吸で表現するんだ。だんだん頭の中のおしゃべりがしずかになって、こころが落ち着いてくるよ。ふかふかのお花のベッドやふとんの上でのんびりしているハチをイメージしながら、ブーン、ブーンって言ってみよう。きっと朝までぐっすりねむれるよ。

ハチになったつもりで「ブーン」と音を出してみよう！

こんなメカニズム▶ ハミングすることで吐く息が長くなり、副交感神経のはたらきが活発になってこころが落ち着いてきます。またハミングの心地よい振動が頭がい骨にひびくのを感じることでリラックスできます。

① 【座る】基本姿勢になり、吸う息と吐く息を感じよう。

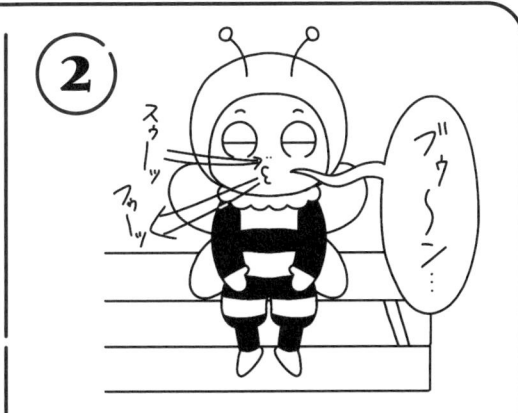

② 軽く口をとじてゆっくりと鼻から息を吸い、息を吐きながら「ブーン」と音を出そう。これを5回くり返すよ。

③ 両手で両耳をとじてやってみよう。「ブーン」「ブーン」と10回くり返そう。

④ 10回終わったら、5回自然な呼吸をしよう。そのままねむってしまってもOK。

PART 4 帰宅後、おやすみ前のワーク

ポイント

ハミングするときは息を最後までしっかりと吐き切ることを大切にしてください。自分が心地よいと感じるハミングの音を見つけてみましょう。頭がい骨が振動している様子を感じるとこころが落ち着いてきます。目をとじて行うと、より内側の感覚に意識を向けやすくなります。寝転んで行ってもかまいません。

38

からだの声を感じる（ボディスキャン）

こんなときにおすすめ▶ ねるまえ、リラックスしたいとき

　みんな今日も1日おつかれさま。学校の授業や習いごと、たくさんの宿題、本当にいそがしかったね。つかれているのに、頭の中が明日の予定でいっぱいになっていないかな？

　そんなときは、頭の中の声じゃなくて、からだの声を聞いてみよう。ふだんは気づかないかもしれないけれど、からだはいろいろなメッセージをおくってくれるんだ。「つかれたよ」「がんばりすぎてるよ」「おやすみしたいよ」、そんなふうに大切なことを教えてくれているんだよ。

　だから、からだのすみずみまで懐中電灯の光をあてるようなイメージでゆっくりからだを感じながら声を聞いてあげよう。そうするとからだが安心して、こころまでリラックスできるんだ。夜もぐっすりねむれるよ。

からだをていねいに感じてみよう！

こんなメカニズム▶　私たちは考えすぎてしまいがちです。考えすぎることで悩みが大きくなってしまうこともあります。「考える」を「感じる」に切りかえると、自然と脳もからだもこころも落ち着いてきます。からだの小さな変化にも気づけるようになるため、体調管理にも役立ちます。

① あおむけになって手足をのんびりと楽にのばそう。5回ほどゆっくり呼吸しよう。おなかや背中が呼吸でふくらんだりしぼんだりする様子を感じよう。

② からだのパーツを一つひとつていねいに感じてみよう（頭、顔、首、かた、うで、背中、胸、おなか、おしり、足）。

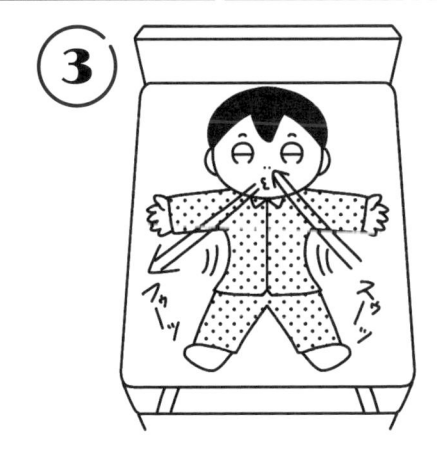

③ 最後にからだ全体を感じながら5分間ゆったりと呼吸をしよう。このままねてもいいよ。

ポイント

からだの部位を感じる順番は、頭からでも足からでも、どんな順番でもかまいません。一つひとつの部分に最低でも3呼吸分くらいの間をおきながら、誘導してあげてください。最初は何も感じない子どももいるかもしれませんが、感じないことを責めないようにします。続けていけば内受容感覚が高まり、感じる力が育まれます。

39

脱力系マインドフルネス

リラックスしたい時、ぐっすりねむりたい時

　布団に入ったのに、明日のことが気になってねむれない。からだはつかれているのに、今日あったことが頭の中でぐるぐるしてねむれない。そんなことってないかな？

　人間はずっといろんなことをがんばり続けていると上手に力がぬけなくなっちゃうんだ。だからあえて「何もしないこと」をしてみよう！

　「え？　何もしないなんて無理！」そう思った人も大丈夫。「動く」と「止まる」をくり返しながら、からだの内側を感じてみると、自然にからだの力がぬけてリラックスできるよ。からだの力がぬけるとこころもゆるんで、きっとぐっすりねむれるよ。

何もかもやめてみよう！

こんなメカニズム▶ ねむろうとすればするほどねむれなくなるように、リラックスしようとすると逆にきんちょうがぬけません。そんなときは、がんばるのを「やめる」、やっていることを「やめる」ことを意識しましょう。

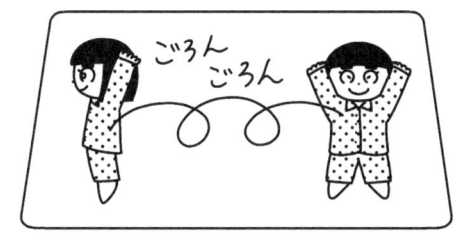

床にあお向けになり、バンザイをしてからだを一本の棒のようにのばそう。そのまま、ごろんごろんと右へ３回転しよう。

３回転終わったらあお向けになり、１分間何もせずにぼんやりとからだの内側で起きていることを感じよう。①②を左右３回くり返すよ。

最後にあお向けになって両手両足を天井に向けてブラブラ動かし、そのまま大の字になって５分間「何もしないこと」をしよう。もしソワソワ動きたくなったり、考え事がわいてきたら「今はなーんにもしなくていいよ」「今は息をしているだけでいいよ」と言ってあげよう。５分たったらゆっくり手先や足先を動かして、片足ずつひざを立て、左右どちらかへからだをたおして、ゆっくり起き上がろう。

ポイント

じっとしているのが苦手な子どもには、ぬいぐるみをおなかの上にのせて呼吸や心臓の鼓動など、からだの感覚へ意識を向けるよう促してあげると落ち着きやすくなります。また、いきなり大の字になるよりも、先に少しだけからだを動かすことで動と静の対比を感じ、副交感神経のスイッチも入りやすくなります。ふとんやベッドの上で行ってそのままねむってもいいでしょう。

各ワークのねらいと効果

No.	ワークの名前	効　　果
PART 1　朝、起きて学校に行くときのワーク		
1	からだにおはよう	自分のからだを大切にする気持ちが育まれ幸福感が高まる
2	こころのお天気観察	気分や感情に振り回されることが少なくなる
3	ぐるぐるゴロゴロ体操	楽しくからだを動かすことでやる気が湧いてくる
4	呼吸は友だち	呼吸に意識を向けることで思考や感情と距離をとることができる
5	マインドフル歯みがき	日常の動作の中でも「今ここ」に意識を向けやすくなる
6	ヘビのシューシュー呼吸	自律神経が整い、血行が促進され、集中力がアップする
7	にっこり呼吸	幸せホルモンが分泌され明るい気持ちになる
8	山になる	どんな時もゆるぎない自分になれる
9	のっし、のっし、恐竜歩き	頭ではなく足に意識を向けることで気持ちが落ち着いてくる
10	スタンプ歩き	ポジティブな言葉を言うことで気持ちが前向きになる
11	外の世界探検歩き	通学路を楽しく歩くことで学校へ行くこと自体にポジティブな印象を与える
PART 2　授業の前や授業中のワーク		
12	4・4・8の呼吸	リズムよく呼吸することで心を整える
13	耳をすませてみる	「音を聞くゲーム」感覚で行うことで楽しく集中力を育む
14	手をパーン	分かりやすい感覚に意識を向けることで心を今につなぎ止める
15	カエルに変身	自分や世界を俯瞰する力がつき落ち着きがうまれる
16	ふうせん呼吸	腹圧を高めることでやる気が起きる
17	気持ちの見える化	気持ちを外に出すことでストレスが軽減。自己理解が深まる
18	自分のこころと電話	感情を受け止めることでネガティブな暴走を止める
19	気持ちの名前	感情に名前をつけることで自己客観視ができるようになる
20	未来の自分への手紙	自分を励ます言葉を書いたり読んだりすることで気持ちが前向きになる

No.	ワークの名前	効　　果
21	ありがとうの交換会	感謝の気持ちを伝え合うことで関係性が良好になる
22	感謝のメガネ	感謝の気持ちを持つことで幸福度が高まる
23	同じところ・ちがうところさがし	さまざまな思いは自分だけじゃないと理解することで視野が広がり心が楽になる

PART 3　休み時間、放課後のワーク

No.	ワークの名前	効　　果
24	クールな呼吸	副交感神経が優位になり気持ちが落ち着く
25	イライラ・プンプン・さようなら	怒りを感じている心と体をケアすることで感情がおさまる
26	かべと押し合いっこ	言葉にならないストレスを体を使うことで解消する
27	いやな気分は雲に乗せて	自然に姿勢が整い、いやな気持ちを切り離すことができる
28	おそうじゲーム	苦手なことをゲーム感覚で行うことで取り組みやすくする
29	やる気になる木	片足で立つことで「今ここ」への意識や集中力が戻ってくる
30	自分にありがとう	自己批判ではなくやさしさを向けることで自己肯定感が高まる
31	自分をハグ	自分に触れたり抱きしめることで安心感を育む

PART 4　帰宅後、おやすみ前のワーク

No.	ワークの名前	効　　果
32	自分にやさしくタッチ	触れることでオキシトシンが分泌され幸福感が高まる
33	五感で食べる	五感を使ってゆっくり食べることで気持ちに余裕が生まれる
34	マインドフルに味わう	よく噛んでじっくり味わって食べることで体も心も満たされる
35	幸せ貯金ノート	ポジティブなことに意識を向けることで幸福感が高まる
36	やさしさの宅配便	やさしい言葉を使うことで自他への思いやりが育まれる
37	ハチの呼吸	音や振動を感じることで副交感神経が優位になりリラックスできる
38	からだの声を感じる（ボディスキャン）	からだへの感謝の気持ちがうまれ、自分を大切にする力を育むことができる
39	脱力系マインドフルネス	「動く」と「止まる」をくり返すことで副交感神経が優位になる

あとがきにかえて

　最後のページまで目を通していただき、ありがとうございました。株式会社 Melon という会社でマインドフルネスを広げる活動を行っている代表の橋本と申します。

　この本を手にとっていただいた方の中には、すでにマインドフルネスを実践されている方、初めてマインドフルネスに触れる方、さまざまいらっしゃることと思います。子どもたちとマインドフルネス・ワークをしてみて、どのように感じられたでしょうか？　子ども向けのワークではありますが、大人が実践してもきっと子どもたちと同じことを感じると思います。忙しい日常の中で、少しだけ自分と向き合う時間を取ることは、子どもにとっても大人にとっても大切なことだと考えています。

　マインドフルネスは、単にストレスを軽減させるだけではなく、自己認識や感情調整力などの社会で活躍していく上で必要なスキルを向上させてくれるトレーニングです。子どもの頃からこのような力を身につけておくことで、自分自身のセルフケアができる大人になるのではないでしょうか。

　インターネットやスマートフォンなどのデジタル技術が進化し、人間の生活は物理的により豊かになっているはずです。しかし、統計的にはメンタル不調を抱える子どもや不登校の数は増え続けています。また同じような状況は大人にも当てはまります。

　人は何のために頑張るのでしょうか？　例えば勉強を頑張るのは、いい成績を取るためや学歴を手に入れるためではなく、一人ひとりがより豊かに幸せな人生を歩むためだと思います。私はいろいろな場面で、目的と手段が入れ替わっているのではという問題意識を感じています。

そのような時代に、「マインドフルネス」は本当の自分の幸せに気づくとても有効なツールだと思います。一人ひとりが自分の内面に意識を向けて、自分への思いやりを育むこと。そしてその気持ちをまわりの人たちに広げられるようになることで、きっと少しだけ豊かで幸せな人生に近づくことができると信じています。

私の母親は小学校の教師をしていましたが、私が高校生のときに病気で亡くなりました。いつも子どもたちのために一生懸命に仕事をしている母の背中を見て育った私にとって、子ども向けのマインドフルネスというテーマは特別な意味を持っています。

多くの子どもたちにマインドフルネスを実践してもらえるようになることで、日本と世界の未来がより明るくなることを願い、あとがきに代えさせていただきます。

2025 年 3 月

橋本大佑（株式会社 Melon CEO）

参考になる本

『SEEラーニング プレイブック 感じることからはじまる学び』エモリー大学SEEラーニングチーム著、井本由紀翻訳、kukui books(2022)

『マインドフル・セルフ・コンパッション ワークブック』クリスティン・ネフ、クリストファー・ガーマー著、富田拓郎監修・翻訳、大宮宗一郎他翻訳、星和書店 (2019)

『世界のエリートがやっている 最高の休息法──「脳科学×瞑想」で集中力が高まる』久賀谷亮著、ダイヤモンド社 (2016)

『親と子どものためのマインドフルネス──1日3分!「くらべない子育て」でクリエイティブな脳とこころを育てる』エリーン・スネル著、出村佳子訳、サンガ (2015)

『心が落ち着き、集中力がグングン高まる! 子どものためのマインドフルネス』キラ・ウィリー著、大前泰彦訳、創元社 (2018)

p80 豆知識② 参考文献

1 Chiesa, A., & Serretti, A. (2009). Mindfulness-based stress reduction for stress management in healthy people: a review and meta- analysis. The Journal of Alternative and Complementary Medicine, 15(5), 593–600.

Sedlmeier, P., Eberth, J., Schwarz, M., Zimmermann, D., Haarig, F., Jaeger, S., & Kunze, S. (2012). The psychological effects of meditation: A meta-analysis. Psychological Bulletin, 138(6), 1139.

2 Jha, A. P., Krompinger, J., & Baime, M. J. (2007). Mindfulness training modifies subsystems of attention. Cognitive, Affective, & Behavioral Neuroscience, 7(2), 109–119.

3 Roemer, L., Williston, S. K., & Rollins, L. G. (2015). Mindfulness and emotion regulation. Current Opinion in Psychology, 3, 52–57.

4 Goldin, P. R., & Gross, J. J. (2010). Effects of mindfulness-based stress reduction (MBSR) on emotion regulation in social anxiety disorder. Emotion, 10(1), 83.

5 Ortner, C. N., Kilner, S. J., & Zelazo, P. D. (2007). Mindfulness meditation and reduced emotional interference on a cognitive task. Motivation and Emotion, 31(4), 271–283.

6 Condon, P., Desbordes, G., Miller, W. B., & DeSteno, D. (2013). Meditation increases compassionate responses to suffering. Psychological Science, 24(10), 2125–2127.

7 Birnie, K., Speca, M., & Carlson, L. E. (2010). Exploring self-compassion and empathy in the context of mindfulness-based stress reduction (MBSR). Stress and Health, 26(5), 359–371.

Neff, K. D., & Germer, C. K. (2013). A Pilot Study and Randomized Controlled Trial of the Mindful Self-Compassion Program. Journal of Clinical Psychology, 69(1), 28–44.

Shapiro, S. L., Brown, K. W., & Biegel, G. M. (2007). Teaching self-care to caregivers: effects of mindfulness-based stress reduction on the mental health of therapists in training. Training and Education in Professional Psychology, 1(2), 105.

8 Chiesa, A., & Serretti, A. (2009). Mindfulness-based stress reduction for stress management in healthy people: a review and meta-- analysis. The Journal of Alternative and Complementary Medicine, 15(5), 593–600.

Pbert, L., Madison, J. M., Druker, S., Olendzki, N., Magner, R., Reed, G., ⋯ Carmody, J. (2012). Effect of mindfulness training on asthma quality of life and lung function: a randomised controlled trial. Thorax, 67(9), 769–776.

9 Hoge, E. A., Bui, E., Marques, L., Metcalf, C. A., Morris, L. K., Robinaugh, D. J., ⋯ Simon, N. M. (2013). Randomized Controlled Trial of Mindfulness Meditation for Generalized Anxiety Disorder: Effects on Anxiety and Stress Reactivity. The Journal of Clinical Psychiatry, 74(8), 786–792.

10 Lutz, A., Slagter, H. A., Dunne, J. D., & Davidson, R. J. (2008). Attention regulation and monitoring in meditation. Trends in Cognitive Sciences, 12(4), 163–169.

Desbordes, G., Negi, L. T., Pace, T. W., Wallace, B. A., Raison, C. L., & Schwartz, E. L. (2012). Effects of mindful-attention and compassion meditation training on amygdala response to emotional stimuli in an ordinary, non-meditative state. Frontiers in Human Neuroscience, 6.

11 Goldin, P. R., & Gross, J. J. (2010). Effects of mindfulness-based stress reduction (MBSR) on emotion regulation in social anxiety disorder. Emotion, 10(1), 83.

12 Hölzel, B. K., Carmody, J., Vangel, M., Congleton, C., Yerramsetti, S. M., Gard, T., & Lazar, S. W. (2011). Mindfulness practice leads to increases in regional brain gray matter density. Psychiatry Research: Neuroimaging, 191(1), 36–43.

13 Chiesa, A., & Serretti, A. (2010). A systematic review of neurobiological and clinical features of mindfulness meditations. Psychological Medicine, 40(08), 1239–1252.

著者プロフィール

■編者

橋本大佑（はしもと・だいすけ）

株式会社 Melon 代表取締役 CEO。早稲田大学卒業後、シティグループ証券投資銀行本部を経て、米系資産運用会社、オークツリー・キャピタル・マネジメントで日本株運用に携わる。15 年間の外資金融でのキャリアの中で、マインドフルネス瞑想を継続し効果を実感。2019 年に株式会社 Melon を設立し、日本初のオンライン・マインドフルネスのプラットフォーム「MELON オンライン」をスタート。法人向けのマインドフルネス研修やイベント登壇、個人向けの講演など各方面でマインドフルネスを広める活動を継続中。一般社団法人マインドフルネス瞑想協会理事。

■執筆者

金田絵美（かねだ・えみ）

株式会社 Melon 研修講師。会社員時代「頑張ること」と「無理をすること」の違いがわからず、体調・心の調子を崩してしまう。そんな中マインドフルネスに出会い、体や心がどんどん整っていくのを実感し、この素晴らしさを多くの人に伝えたいという思いから講師となる。現在はマインドフルネス専門サロン MELON にて、企業研修のほか、講師養成講座のメイン・トレーナーとして後輩たちの育成にも力を注いでいる。

林有加里（はやし・ゆかり）

株式会社 Melon 研修講師。長年会社員として働く中でマインドフルネスと出会い、想像以上の疲弊感やストレスに気づく。実践を続けるうちに体と心が整っていくことを実感。マインドフルネスを実践することで多くの方がより快適な毎日になるはずという思いから研修講師となる。現在は MELON にて、企業研修のほか、MELON オンラインでマインドフルネスを広げることに力を注いでいる。

装　　幀　守谷義明＋六月舎
本文デザイン　長尾美和（株式会社アンパサンド）
イラスト　しまだたかひろ
組　　版　本庄由香里（GALLAP）

イラスト版
どこでもマインドフルネス
子どものための集中&リラックスワーク39

2025年 4 月10日　第1刷発行

編　　　者　橋本大佑
発 行 者　坂上美樹
発 行 所　合同出版株式会社
　　　　　　東京都小金井市関野町 1 - 6 - 10
　　　　　　郵便番号　184-0001
　　　　　　電話　042（401）2930
　　　　　　振替　00180-9-65422
　　　　　　ホームページ　https://www.godo-shuppan.co.jp
印刷・製本　株式会社シナノ